Vorsicht!

Bissige Satire!

Bibliographische Information der Deutschen Bibliothek:
Die Deutsche Bibliothek verzeichnet diese Publikation in der
Deutschen Nationalbibliographie; detaillierte bibliographische
Daten sind im Internet über http://dnb.d-nb.de abrufbar.

Weitere Bücher des Autors:
ISBN 3-8334-3948-3,   dBASE lebt! - Band 1,   Einführung
ISBN 3-8334-3949-1,   dBASE lebt! - Band 2,   Grundlagen
ISBN 3-8334-6307-4,   dBASE lebt! - Band 3,   Klassen und Objekte

Bücher, in denen der Autor mit anderen vertreten ist:
ISBN 3-00-014322-X,   Spätlese 2004,   Kurzgeschichten-Sammlung

Websites des Autors und seiner Bücher:
Infos zum Autor und seinen Werken: **www.ulfneubert.de**
Promotion-Website zu dBASE lebt!:   **www.dbase-lebt.de**
Promotion-Website zu diesem Buch: **www.softwahn.de**

ISBN 978-3-8370-9184-7

1. Auflage 2009

Copyright © 2009 Ulf Neubert, alle Rechte vorbehalten

Idee, Konzeption, Text und Layout: Ulf Neubert

Herstellung und Verlag: Books on Demand GmbH, Norderstedt

Bildnachweise siehe Inhaltsverzeichnis

Ulf Neubert

S o f t *w a h n*

Der etwas andere
Software-Lei*d*faden

Für Programmierer und IT-Profis
Und alle die es werden wollen
Oder bereuen es geworden zu sein

Und für deren Opfer, die Anwender

Alles was Recht ist
Dieses Werk ist in vollem Umfang urheberrechtlich geschützt. Alle Rechte vorbehalten.

Kein Teil des Inhalts darf ohne schriftliche Genehmigung des Autors durch Druck, Fotokopie, Mikrofilm, Abtippen, Auswendiglernen oder andere Verfahren reproduziert oder in eine für Maschinen, Computer, Roboter oder gar Software verwendbare Form übertragen werden.

Der Inhalt des Buches wurde mit grösster Sorgfalt und Hingabe in nächtelanger Arbeit erstellt. Trotzdem und gerade deshalb möchten die verehrten Leser bitte diese Punkte berücksichtigen:

Keine Haftung für die Folgen einer geänderten Berufswahl des Lesers aufgrund der Lektüre.
Keine Haftung für die Auswirkungen auf die Qualität der vom Leser entwickelten Software.
Keine Haftung für die psychischen Folgen und Spätschäden beim Leser und dessen Umfeld.

Technikfolgen
Zur Erstellung dieses Buches wurden Computer und auch diverse Software verwendet.
Nicht zuletzt deshalb hat die Fertigstellung so lange gedauert. Danke für Ihre Geduld!

Rechtschreiberei
Der Autor schreibt nicht in der *alten* oder *neuen* dt. Rechtschreibung, sondern in *seiner*.
Sprache ist lebendig und wandelt sich beständig durch die Menschen, die sie frei benutzen.
Nur so kann sich die Sprache entwickeln, nicht mit von oben herab verordneten Reformen.
Auch wurden alle „ß" gegen „ss" ersetzt, weil der Autor schon seit Jahrzehnten so schreibt.
Einige unnötige Kommas wurden auch entsorgt. Wer weitere Fehler findet darf sie behalten.

Geschützte Worte
„Cantaria" ist ein eingetragenes Warenzeichen von Ulf Neubert, dem Autor dieses Werks.
„MS-DOS" und „Windows" sind Warenzeichen einer Software-Firma namens Microsoft.
Diese und natürlich alle anderen im Buch verwendeten Warenzeichen und Wortmarken sind Eigentum der jeweiligen Inhaber und werden ausdrücklich und in vollem Umfang anerkannt.

Bedrohte Worte
Dazu gehören so schöne Wörter wie „Augenweide", „Kleinod" und „Balsam", aber auch Begriffe wie „Gamaschen", „Drahtesel" und nicht zuletzt „Saurer Sprudel". Kaum einer benutzt die heute noch und der Autor konnte sie im Text leider auch nicht unterbringen, darum stehen sie eben hier.

Eine Lösung sollte nie selbst zum Problem werden.

(Lebensweisheit, bei Software leider selten angewendet)

**Suche erst nach einer Lösung,
wenn du das Problem verstehst.**

(Noch eine Lebensweisheit, noch seltener angewendet)

Die sieben Wege zum Ru(h)m

1. Wie alles begann

1.1 Zielgruppe

Keine Angst vor Programmierern! Dazu besteht kein Anlass, allen Gerüchten und Lebenserfahrungen zum Trotz. Software-Entwickler sind ganz normale Menschen. Menschen wie Sie und ich. Die meisten jedenfalls. Vermutlich.

So wie der komische Kauz von nebenan. Sie wissen schon, der mit der fahlen Haut, den zerzausten Haaren und dem abwesenden Blick. Bei dem immer die halbe Nacht Licht brennt und den Sie nie vor dem frühen Nachmittag auf der Strasse sehen. Der von Geburt an von Fertigpizza und koffeinhaltiger Brause lebt und auch so aussieht. Wenn er denn überhaupt mal zu sehen ist und mit scheuem Blick hinter seinen mindestens drei Bildschirmen hervorkommt.

Doch, Programmierer sind Menschen, echte lebende Menschen! Wesen mit eigener Persönlichkeit, eigener Geschichte und eigenen Gefühlen. Viele sind Individualisten, mit halber Seele Künstler, von der Technik begeistert, ihr manchmal auch verfallen. Nicht alle stammen von der Erde, munkelt man.

Wie dem auch sei, wenn Sie selbst Programmierer sind oder einmal werden wollen wissen Sie, wovon ich rede. Und spätestens wenn Sie dieses Buch zu Ende gelesen haben werden Sie es nicht nur wissen, sondern auch verstehen. Denn Sie lesen den Beginn eines Ratgebers, der für Sie und Ihre einzigartige Zunft geschrieben wurde. Ganz gleich ob es Ihr Beruf oder Ihre Berufung ist.

Dieses Buch wird Ihnen den Weg in eine grandiose berufliche Zukunft ebnen und jeden Schritt Ihres unaufhaltsamen Aufstiegs begleiten. Egal ob Hobby- oder Profi-Programmierer, ob Sie ein unscheinbares Rädchen im Getriebe eines Grosskonzerns sind oder eine eigene Software-Firma gründen wollen. Die Ratschläge dieses Buches werden Ihnen aus dem Treibsand des binären Alltags helfen, in den Sie immer wieder treten werden. Wieder und wieder ...

Sind Sie schon länger in dieser wunderbaren Branche tätig und haben schon selbst das eine oder andere Projekt aus eigener Kraft an die Wand gefahren? Oder sind Sie noch in Ausbildung und haben Ihr erstes völlig an der Praxis und am Bedarf der Anwender vorbei entwickeltes Programm noch vor sich? Wie dem auch sei, hier finden Sie jede Menge Tricks und Anregungen, Ihre Programme so zu entwickeln, dass jeder Anwender die Flucht ergreifen will. Und wie keinem Anwender diese Flucht gelingt lernen Sie natürlich auch.

Ich möchte gleich zu Beginn einen leider weit verbreiteten Irrtum aufklären. Software-Entwickler sind keineswegs eine Erfindung der Moderne. Auch in früheren und weit finsteren Zeitaltern wurden sie schon vereinzelt gesehen.

Natürlich hat sich das Berufs- und Selbstbild der Programmierer im Wandel der Jahrhunderte stark geändert. Aber es gibt auch einige Konstanten. Zum Beispiel, dass sie vom Rest der Welt verkannt und unterschätzt werden.

> 👁 **Seitenblick:** Darf ich Sie zu einer Zeitreise einladen? Besuchen Sie mit mir die Vergangenheit und die Zukunft, sehen Sie was war und was sein wird.

Software-Entwicklung gestern ...

... heute ... (*)

... und morgen

---

* Der Programmierer ist nicht da, das Bild wurde tagsüber aufgenommen.

1.2 Zielgruppe++

Dieses Buch wendet sich aber nicht nur an Programmierer/Innen. Ich widme meinen Rat und mein Mitgefühl den vielen verlorenen Seelen, die beruflich oder privat mit Computern und besonders mit Software-Entwicklung zu tun haben. Geschäftsführer, Projektleiter, IT-Verantwortliche, EDV-Berater und nahe Verwandte von Informatik-Studenten seien hier beispielhaft genannt.

Sie fühlen sich noch immer nicht angesprochen? Na gut, notfalls genügt es, wenn Sie jemanden kennen, dessen Kollege einmal gehört haben will, dass sich flüchtige Bekannte eines früheren Nachbarn zuweilen auch mit Fragen aus Randbereichen der Programmierung beschäftigt haben sollen.

Selbst wenn Sie „nur" ein von hirnloser Software geplagter Anwender sind wird Ihnen diese Lektüre in vielen verzweifelten Situationen am PC helfen. Denn wo jede Vernunft verloren scheint ist das Wissen um die Hintergründe, warum man schon wieder in solch ein Schlamassel geraten ist, zuweilen ein gewisser Trost. Auch wenn die Kenntnis der Ursachen nichts am eigenen Schicksal ändert, macht es das schwere Los doch etwas erträglicher.

Oder Sie sind in leitender Position tätig, führen ein Entwickler-Team und sehen sich vielleicht zum ersten mal in Ihrem Leben mit dieser seltsamen Spezies Mensch konfrontiert, die so ganz anders ist als alles bisher erlebte. Nicht nur dass Ihre Untertanen, Verzeihung, Ihre Mitarbeiter eine andere Sprache sprechen, sie haben auch noch eine völlig andere Zeitrechnung.

Die wahre Bedeutung einer Aussage wie *in Kürze* muss sehr differenziert betrachtet werden, hängt von vielen Umständen und äusseren Einflüssen ab. Deren Entschlüsselung ist sehr wohl eine Kunst für sich. Ganz zu schweigen von der langen Zeit, die vergeht bis ein Programm *bald* fertig sein wird.

Dieses Buch hilft! Lesen Sie es, lernen Sie daraus, wenden Sie es an. Dann wird die Welt nicht nur für Sie, sondern auch für viele Ihrer Mitmenschen schriller, konfuser und verzwickter. Sie werden sehen, es ist ganz einfach. Selbst ein umfangreiches Software-Projekt, das unter Aufbietung grösster menschlicher, technischer und finanzieller Ressourcen durchgeführt wird, kann mit genügend Phantasie und Übung gründlich an die Wand gefahren werden. Alles was Sie dazu brauchen finden Sie auf den folgenden Seiten.

Natürlich steht es Ihnen frei, meine vielen Tips und Vorschläge anders zu interpretieren. Sie könnten die Ironie und den gelegentlichen Sarkasmus zwischen meinen Zeilen richtig deuten und das Gegenteil dessen was ich vorschlage tun. Sie werden schon sehen was Sie davon haben ...

1.3 Verneigung

Meinen aufrichtigen Dank richte ich an all die Software-Firmen dieser Welt, sowie ausdrücklich auch an deren Marketing-Abteilungen. Und natürlich an die Chefetagen, wo häufig das „Grundproblem" seinen gutbezahlten Job hat.

Ohne dieses vielfältige Missmanagement von ganz oben, ohne den ständigen Zeitdruck und ohne die Vorgaben, jede halbfertige Betaversion sofort gegen Geld unters Volk zu bringen, wäre ein solches Sammelsurium von kuriosen Programmen mit teilweise derart haarsträubenden Fehlern niemals möglich.

Mein Dank geht auch an die vielen netten und engagierten Geschäftspartner und Kollegen. An Auftraggeber und Ansprechpartner aus allerlei Branchen. Ohne Sie und ohne Euch, ohne die vielen tollen Erlebnisse aus dem ganz normalen Wahnsinn der Software-Welt, wäre dieses Buch nie entstanden.

Ein Leben ist einfach zu kurz, um alle beschriebenen Fehler selbst zu machen. Aber auch wenn ich nicht jeden Mist selbst gebaut habe und nicht jedes faule Ei selbst legen konnte, war auf die Unterstützung anderer doch stets Verlass. Dafür sage ich ebenso danke wie für die vielen ehrlichen Erzählungen und für so manche Flur-Anekdote, erschreckend oft mit tragisch-realem Hintergrund.

Was mir noch wichtig ist: ein Buch, in dem nahezu jeder Absatz mit einem Augenzwinkern geschrieben wurde, sollte auch so gelesen und verstanden werden. Dass sich evtl. trotzdem der eine oder die andere auf den Schlips getreten fühlt ist vermutlich nicht zu vermeiden. Über Humor lässt sich nun mal ebensowenig streiten wie über Kunst, Geschmack und Betriebssysteme.

Ungeachtet dessen werden im gesamten Buch selbstverständlich keine realen Namen oder Orte genannt. Fast alles kann entweder genau so oder ein wenig anders überall auf der Welt passiert sein und auch jederzeit wieder passieren. Die besten Geschichten schreibt eben das Leben. Auch dafür sage ich danke.

Danke für die vielen Ideen zu diesem Buch

2. Die Einweihung

Was bildet sich diese verdammte Realität ein, schon wieder meine Pläne zu durchkreuzen!? Warum ist das wirkliche Leben so ganz anders als ich es für mein Programm geplant habe? Und warum ist zwei plus zwei heute fünf?

Mit diesen Fragen werden Sie als Programmierer laufend konfrontiert, ohne jemals eine plausible Erklärung zu bekommen. Suchen Sie erst garnicht nach den Antworten, die Wahrheit liegt sowieso *irgendwo da draussen*. Nehmen Sie Ihre Aufgabe einfach als das was sie ist, eine niemals endende *X-Akte*.

Das ist aber kein Grund zum Verzweifeln. Ganz gleich welche Probleme auf Sie zukommen, geben Sie niemals auf. Niemals! Scheitern gehört zum Leben. Schreiten Sie gerade nach einer fiesen Bruchlandung mit frischem Mut und voller Tatendrang voran, immer geradewegs in Richtung der nächsten Wand.

2.1 Reifeprüfung

Beginnen wir damit, dass Sie sich in eine stille Ecke begeben, die Augen schliessen, mehrmals tief durchatmen und sich für einen Moment ganz auf diese Fragen konzentrieren: bin ich belastbar genug, um den immensen Stress und den ständigen Termindruck in der Software-Branche auszuhalten? Kann und will ich bis zu 16 Stunden täglich am Computer verbringen, vereinsamen und emotional abstumpfen? Will ich mit völlig veralteten Monitoren meinen Augen schaden, mit unergonomischen Bürostühlen und falscher Sitzhaltung meinen Rücken ruinieren? Will ich durch die häufige Benutzung der Maus meinen Arm, den Nacken und die Schulter so verkrampfen, dass lebenslange quälende Schmerzen die Folge sind? Und das alles nur, damit ich am Ende von den Anwendern meiner Programme und von meinem Chef am laufenden Band mit haltlosen Vorwürfen bombardiert werde? Anders gefragt: bin ich überhaupt dazu geeignet, Programmierer oder Programmiererin zu werden?

Ja? Prima, dann haben Sie die erste Hürde schon genommen, und die erste ist bekanntlich die schwerste. Wie, das ging Ihnen zu schnell, Sie haben sich die Fragen noch garnicht ehrlich beantwortet? Auch gut, dann denken Sie sich jetzt bitte voller Inbrunst ein dickes fettes *„ja ich will"* und alles wird gut.

◖ **Denkvorlage:**   **J A   I C H   W I L L**

Soeben haben Sie etwas gelernt. Konsequente Verdrängung von Problemen, bis hin zur festen Überzeugung dass es keine Probleme gibt, gehört zu den wesentlichen Merkmalen Ihres zukünftigen Berufs. Wenn Sie es gleich zu Beginn schaffen, diese entscheidenden Fragen und die auf Sie zukommenden Probleme zu ignorieren haben Sie den Eignungstest schon fast bestanden.

Bleiben uns noch zwei weitere wichtige mentale Eigenschaften zu klären: *Flexibilität* und *Standhaftigkeit*. Sie müssen sehr flexibel sein, da es in Ihrer zukünftigen Berufswelt normal ist, Pläne immer wieder zu ändern. Gestern beschlossene Konzepte werden heute komplett über den Haufen geworfen, aber nur damit sie morgen erneut völlig umgekrempelt werden können.

Kein Projektplan kann jemals so gut sein, dass er nicht noch wenige Tage vor der Fertigstellung komplett geändert werden kann. Tage- und wochenlange Arbeit, die sich später als völlig umsonst herausstellt, wird einen wesentlichen Teil Ihrer Tätigkeit beanspruchen. Sofern Sie für die Arbeitszeit und nicht für das Ergebnis bezahlt werden ist Ihnen das natürlich egal. Sie müssen es aber psychisch verkraften, mühsam erstellten Code zu löschen und nochmal ganz von vorn zu beginnen, selbst wenn Sie sich eben noch am Ziel wähnten.

Und standhaft müssen Sie sein, um die von wütenden Anwendern entfachten Stürme durchzustehen, Klagen und Beschwerden an sich abprallen zu lassen und die Terminvorgaben Ihrer Vorgesetzten grundsätzlich zu ignorieren. Zur Standhaftigkeit gehört natürlich auch, dass Sie von Anfang an immer alles wissen und immer alles richtig machen. Immer. Alles. Die einzig richtige und logische Konsequenz daraus ist, dass Sie nichts aus Fehlern lernen. Niemals.

Das heisst natürlich nicht, dass Sie keine Fehler machen. Ganz im Gegenteil, Ihr Beruf und Ihre Ausbildung ist schwer genug, und je länger Sie in diesem Metier arbeiten, desto mehr haben Sie ein Recht darauf, Fehler zu machen.

Mangelhafte Software, die dutzende haarsträubende Fehler enthält, ist doch völlig normal. Sie müssen nur stark genug sein, die Anfeindungen, die daraus immer wieder entstehen, konsequent zu ignorieren. Das setzt natürlich ein gesundes Selbstvertrauen und ein dickes Fell voraus. Aber das haben Sie ja.

Schlüssel zum Erfolg: Im Idealfall werden Ihre Programme zu einem weltweiten Standard, ggf. sogar mit Monopolcharakter für diesen Bereich. Dann sind Sie in der vorteilhaften Lage, entdeckte Fehler per Pressemitteilung zum neuen Feature zu erklären und niemand wird sich mehr darüber aufregen.

Vielleicht haben Sie ja Ambitionen, die Karriereleiter nach oben zu klettern, um selbst einmal eine IT-Abteilung oder eine eigene Software-Firma zu leiten.

Als zukünftiger Entscheider brauchen Sie ein gutes Gespür für den Markt, um noch unentdeckte Goldgruben und Marktpotentiale zu finden. Und ein gutes Händchen um die richtigen Beziehungen zu knüpfen und später auszunutzen. Ebenso wichtig sind starke Ellenbogen, Egoismus und ausgeprägte Machtgier, sowie zur Führung Ihrer Mitarbeiter ein hohes Mass an sozialer Inkompetenz.

> **Praktische Lebenshilfe:** Auch wenn Ihr Lebensweg bisher ganz anders verlief, es ist nie zu spät. Keine Branche ist so gut für Quereinsteiger geeignet wie die Software-Industrie. Da Sie dort nichts von dem was Sie bisher gelernt haben umsetzen können, ist es auch völlig egal was Sie vorher getan haben.
>
> Für den erfolgreichen Seiteneinstieg empfehle ich Ihnen aber, einige aktuelle Fachbegriffe auswendig zu lernen, um sie im Laufe des Bewerbungsgesprächs beiläufig fallen zu lassen. Ihr zukünftiger Chef hat ebensowenig Ahnung von der Bedeutung dieser Begriffe wie Sie, wird aber alles tun um sein Unwissen vor Ihnen zu verbergen. Er wird Ihnen zu Ihrem herausragenden Wissen und Ihrer Fachkompetenz gratulieren und schon haben Sie den Job in der Tasche.

Wenn Sie aus guten finanziellen Verhältnissen stammen können Sie sich den harten Weg der abhängigen Beschäftigung sparen und sich gleich von Anfang an selbständig machen. Achten Sie dabei vorallem auf ein innovatives und modernes Erscheinungsbild. Sie geben sich nicht mit *Programmierung* ab, sondern beschäftigen sich mit *Binary Design* oder mit *Modern Coding*.

Fahren Sie im teuren Auto bei Ihren Kunden vor, tragen Sie Masskonfektion und modische Turnschuhe, um Ihren individuellen Stil zur Schau zu stellen. Schein ist mehr als Sein, und je mehr Sie zu sein scheinen, desto weniger müssen Sie tatsächlich sein. Das gilt nicht nur für die Software-Branche.

> **Geldwerter Vorteil:** Je solventer und reicher Sie sich von Anfang an geben, desto stärker ist die Finanzkraft Ihrer Kundschaft und das Potential diese auszunehmen. Geld zieht Geld an, das ist ein Naturgesetz. Wenn Sie Millionen scheffeln wollen müssen Sie so tun als hätten Sie die Millionen schon. Nur so kommen die Kunden zu Ihnen, die diese Millionen wirklich haben und bereit sind, etwas davon für Ihre lausige Software auszugeben.

2.2 Geistesblitze

Sie arbeiten freiberuflich? Oder sind als angestellter Entwickler mit der öden 70-Stundenwoche einfach nicht ausgefüllt? Dann brauchen Sie eine Idee für ein eigenes Programm! Natürlich nicht irgendwas. Etwas Ausgefallenes und völlig Neues sollte es sein. Etwas das die Welt für immer verändern wird.

Hier zur Einstimmung und als Anregung ein paar Beispiele für neue, noch nie dagewesene Programme. Darauf wartet die Welt seit Erfindung der Lochkarte.

 Denkvorlage: Zehn Programme, auf die die Welt sehnsüchtig wartet.
1. Ein Kalender mit in der Deluxe-Edition rot hervorgehobenen Sonntagen.
2. Eine ToDo-Liste mit A/B/C-Prioritäten, die man sogar sortieren kann.
3. Ein Adressen-Verwaltung mit akustischer Erinnerung an Geburtstage.
4. Eine Urlaubsbilder-Datenbank mit Hinterlegung lustiger Kommentare.
5. Eine Verwaltung für Bankkonten mit Anzeige des aktuellen Kontostands.
6. Ein Programm das Rechnungen und ab Version 5.20 Mahnungen schreibt.
7. Ein Bildschirmschoner der ein ganz tolles Bild als Desktop-Motiv anzeigt.
8. Ein Spiel bei dem bunte eckige Bauklötzchen langsam nach unten fallen.
9. Eine Datenbank voll gesammelter Sprüche, Zitate und Lebensweisheiten.
10. Ein Ersatzprogramm das den Ersatz für den Zwischenablage-Ersatz ersetzt.

Zu diesen Anwendungsbereichen ist der Software-Markt regelrecht leergefegt. Leider steht durch Veröffentlichung dieses Buchs zu befürchten, dass es schon bald eine Vielzahl entsprechender Programme geben wird. Jeder gelangweilte Erstsemester-Student, sei es nun Informatik oder kognitive Sozialpädagogik, wird sich auf eine der Marktlücken stürzen um dort ein Monopol aufzubauen.

Schlüssel zum Erfolg: Schaffen Sie der Welt ein neues Problem und liefern Sie die Lösung dafür nach. Grosskonzerne aller Branchen verfahren nach diesem einfachen, aber höchst effektiven Prinzip. Das können Sie auch!

BlaBlaBla: Haben Sie eine innovative Idee, aber keine Zeit, keine Lust, kein Geld oder kein KnowHow um sie in die Praxis umzusetzen? Ganz egal! Streuen Sie dennoch gezielte Gerüchte und lancieren Sie Pressemitteilungen, dass Sie die lange gesuchte Lösung zu diesem Problem in der Tasche haben und das Produkt *bald* fertig ist. Das allein wird andere davon abhalten, sich auch mit dieser Thematik zu beschäftigen. So haben Sie Zeit genug, die Idee vielleicht später einmal in die Tat umzusetzen. Und wenn nicht, dann tut es wenigstens auch niemand anders, weil alle glauben dass das Problem durch Ihre *bald* auf den Markt kommende Software-Innovation gelöst wird.

Achten Sie bei Ihrer Suche nach Ideen und Konzepten aber unbedingt darauf, dass Ihre Programme eines auf gar keinen Fall tun: dauerhaft Probleme lösen. Die Anzahl der Probleme Ihrer Kunden dürfen durch Ihre Software niemals weniger werden! Wenn Sie hin und wieder tatsächlich ein Problemchen mit Ihrem Produkt lösen, sollten dadurch sofort zwei neue Probleme entstehen.

Nichts wirkt sich gravierender auf die Umsätze und vorallem Gewinne der Software-Industrie aus, als wenn durch Einsatz der Programme die Probleme der Anwender weniger werden. Schliesslich verkaufen Sie Ihre Produkte als Problemlösung, und wie soll das gehen wenn es keine Probleme mehr gibt?

🕯 **Merke:** Durch den Einsatz Ihrer Programme dürfen die Probleme Ihrer zahlenden Anwender nicht geringer werden. Es dürfen und sollen aber ruhig *andere* Probleme entstehen, so erkennt man dass Ihre Software etwas ändert.

Als Programmierer haben Sie unendlich viele Möglichkeiten, neue Probleme zu erschaffen. Nutzen Sie dies nach bestem Wissen und ohne Gewissen aus. Mitleid oder Skrupel sind fehl am Platz, damit verdienen Sie keinen Cent. Wenn Ihre Programme irgendwelche Probleme lösen, dann doch bitteschön die Finanzierung Ihres Drittwagens und Ihres Bungalows auf den Bahamas.

🚜 **Im Notfall:** Sollte doch einmal durch Zufall ein grosses Problem Ihrer Kunden durch Ihre Software gelöst werden, stellen Sie die Version sofort ein. Vernichten Sie den aktuellen Quellcode und beginnen Sie wieder beim Stand der Vorversion. Sie wissen jetzt ja, was Sie auf jeden Fall vermeiden müssen.

Wenn Sie sich diese Prinzipien verinnerlichen, werden durch Ihren Einsatz und Ihre Tatkraft schon bald neue Meilensteine der Anwenderverdummung wie Pilze aus dem Boden schiessen. Gedüngt mit Halbwissen und gegossen mit Ignoranz werden sie prächtig gedeihen und der Welt viel Freude bereiten.

Neue Programme schiessen wie Pilze aus dem Boden

Nachdem Sie ein innovatives, noch nie dagewesenes Produkt gefunden haben fehlt Ihnen noch die passende Zielgruppe. Auch hier sollten Sie ausgetretene Wege verlassen und Ihr Glück abseits der etablierten Vorstellungen suchen.

Warum? Weil dort ausser Ihnen niemand sucht. Das mag einen guten Grund haben, eventuell gibt es dort ja überhaupt nichts zu finden. Aber sollte es doch etwas Brauchbares geben, finden Sie es zuerst und es gehört Ihnen allein!

Auch hierfür wieder ein paar Anregungen, die allerdings spätestens durch die Nennung in diesem Ratgeber keine Geheimtips mehr sind. Denn es werden sich sofort Tausende beschäftigungsloser Programmierer wild darauf stürzen. Lassen Sie sich davon aber nicht entmutigen. Nehmen Sie meine Anregungen als eine kleine Hilfestellung und als Anstoss für Ihre eigenen Überlegungen.

Denkvorlage: Zehn neue Zielgruppen und die dazu passende Software.

1. Für illegal arbeitende Putzfrauen einen Zeitplaner mit 28-Stunden Tag und verschlüsselter Onlineanbindung zu Schlepperbanden in Osteuropa.
2. Für Fahrraddiebe eine komplett anonymisierte Diebstahls-Abwicklung, inkl. Webcam zur diskreten Beobachtung von Fahrrad-Abstellplätzen.
3. Für Klosterschwestern einen Vorbeter mit singender Sprachausgabe, Fegefeuer-Animation und den 666 wichtigsten Gründen für Keuschheit.
4. Für Alternative und Technikverweigerer einen Stilberater für Schlabber-Shirts und Latzhosen, 111 Müslirezepte und ganzheitliches Mühlespiel.
5. Für Drückerkolonnen ein Navigationssystem mit autom. Zielführung in soziale Randbezirke, sowie Lügen- und Tränengeschichten-Generator.
6. Für Lehrer und andere Besserwisser ein unvollständiges und fehlerhaftes Lexikon, das sich gegen Aufpreis vom Benutzer selbst korrigieren lässt.
7. Für Models und Modepüppchen eine Ernährungs-Software, die aus den Bestandteilen Wasser und Luft jeden Tag neue leckere Rezepte zaubert.
8. Für Klimaschützer eine ständig im Hintergrund mitlaufende Berechnung wieviel CO_2 gespart worden wäre wenn diese Berechnung garnicht liefe.
9. Für Zuhälter eine Einnahmen/Einnahmen-Überschussrechnung, einen Kaufberater für Goldketten und Aerodynamik-Berechnung für Spoiler.
10. Für Langzeitarbeitslose und Sozialhilfeempfänger können Sie entwickeln was Sie wollen, diese Gruppe hat langfristig die höchsten Zuwachsraten.

Schlüssel zum Erfolg: Je unnötiger für Ihre erwählte Zielgruppe oder für die betreffende Tätigkeit der Einsatz von Software ist, desto grösser sind Ihre Chancen, dass es dafür auch noch kein Programm auf dem Markt gibt. Seien Sie der erste und bereiten Sie damit Ihren kometenhaften Aufstieg am Software-Himmel vor. Und wenn Ihr Produkt doch nur eine Sternschnuppe wird, die nach kurzer Zeit verglüht, fangen Sie eben nochmal von vorne an.

2.3 Götzendienst

Haben Sie Ihre Idee und Ihre Zielgruppe gefunden, gilt es noch das passende Betriebssystem auszuwählen. Idealerweise eines, das bei Ihrer Zielgruppe zumindest dem Namen nach bekannt ist, da sich sonst Verkaufsgespräche unnötig in die Länge ziehen. *Windows* oder *Linux* stellen sich zur Wahl. Welches ist das bessere, oder vielleicht gar *das einzig wahre* System?

Diese Diskussion wird noch in vielen Fluren und Kantinen, in Blogs und Newsgroups und natürlich an Theken und Stammtischen für stundenlange kurzweilige und mitunter völlig irrationale Diskussionen sorgen.

Seitenblick: Sind sie nicht zu beneiden, diese glücklichen Menschlein? Es geht ihnen gut, sie können in allen Bereichen ihres Lebens aus dem Vollen schöpfen. Sie haben so wenig Sorgen und Nöte, dass sie sich selbst Probleme schaffen müssen, um nicht der ewig währenden Glückseligkeit zu erliegen. Menschen die so wenig *echte* Probleme haben, dass sie sich wegen eines *Betriebssystems* mit anderen ernsthaft streiten, sind in der Tat zu beneiden.

Dabei hat dieser Streit um die Systeme doch allenfalls die Qualität kindischer Glaubenskriege. Er ist kein bischen besser als die sicher vielen noch bekannte Grundsatzfrage aus der Grundschule, ob denn *Geha* oder *Pelikan* der bessere Füller ist. Hat Ihre damalige Entscheidung für eines der beiden Schreibgeräte, die ja oft genug mit derselben Intensität und Emotionalität durchgeführt und verteidigt wurde wie heute die Wahl des Betriebssystems, Ihre Schulnoten verbessert und die Weichen für Ihr späteres Leben entscheidend beeinflusst? Na sehen Sie. Glauben Sie wirklich, bei einem Betriebssystem ist das anders?

Insider-Wissen: Hin und wieder können Sie diese etwas intellektuell angehauchten Aussenseiter beobachten, die solchen Streitgesprächen meist schweigend, aber genüsslich grinsend und aus sicherer Entfernung folgen. Diese selbsternannte Elite ist der festen Überzeugung alles besser zu wissen, und das obwohl nur ausgesprochen wenige Lehrer darunter zu finden sind. Aufgrund dieser Überzeugung werden sie auch von allen anderen verachtet.

Das dürfte auch der einzige Punkt sein, bei dem Windows- und Linux-User einer Meinung sind. Was den Betroffenen wiederum völlig gleichgültig ist. Denn die schweben in ganz anderen Sphären, wenn sie mit ihren schicken Notebooks arbeiten, auf denen seltsame an angebissenes Obst erinnernde Logos zu sehen sind. Gerüchten zufolge soll man damit sogar stundenlang arbeiten können ohne dass es zu Fehlern oder zu Systemabstürzen kommt.

Das ganze leidige Thema gehört im Grunde in die gleiche Kategorie wie die Frage ob Diesel oder Super der bessere Sprit ist, ob Puma oder Adidas die besseren Turnschuhe hat, Madonna oder Tina Turner besser singen, Stones oder Doors besseren Rock machten und Pils oder Export besser schmeckt.

Jede Diskussion darüber, die länger als zweieinhalb Minuten dauert, ist Verschwendung kostbarer Lebenszeit. Sie wollen trotzdem eine Antwort? Bitteschön: *Zweiundvierzig*. Galaktische Tramper werden es verstehen ... (*)

Man könnte auch so antworten: es kommt darauf an. Worauf? Denken Sie bitte nicht darüber nach. Jeder weitere Gedanke führt Sie nur in mit Gummi ausgekleidete dunkle Räume. Und wie soll Ihr Programm je fertig werden, wenn man Ihnen statt eines PCs dreimal täglich einen Teller Suppe und zum Nachtisch eine Beruhigungsspritze (evtl. mit einem Apfel-Logo ...) gibt?

Übrigens, es gibt auf dem Markt noch einige alternative Plattformen mit sehr unterschiedlicher Verbreitung und Akzeptanz. Neben den schon erwähnten Edel-Obstpressen z. B. noch *Unix*, *OS/2*, *BSD* oder *BeOS*. Dazu Oldies wie *TOS*, *CP/M* und nicht zu vergessen mein Liebling, das gute alte *MS-DOS*.

Wenn Sie auf eine Nischen-Plattform setzen haben Sie gleich zwei Vorteile: viel weniger Konkurrenz als auf dem Markt der etablierten Systeme, und die Chance, dass sich das Aussenseiter-System doch einmal weltweit durchsetzt. Diese Chance mag sehr gering sein. Aber wenn sie tatsächlich eintritt steht Ihnen dank einzigartiger und konkurrenzloser Programme eine ähnliche Bilderbuchkarriere bevor wie vor vielen Jahren einem Knaben namens Bill.

$ Geldwerter Vorteil: Wenn Ihre Software auf einem unüblichen System läuft können Sie neben Ihren Programmen auch gleich noch einen neuen PC und das jeweilige System verkaufen. Sie kassieren jeden Kunden dreifach ab. Diese Taktik soll schon so manchen Obsthändler steinreich gemacht haben ...

Wenn Sie sich aber für eines der aktuellen Systeme entscheiden, dann tun sie es wörtlich: für *eines*. Verzetteln Sie sich nicht, die parallele Entwicklung für mehrere Systeme bedeutet nur zusätzlichen Lern- und Pflegeaufwand.

Zudem würden Sie sonst von Ihren Anwendern ständig in diesen abstrusen Glaubenskrieg der Systeme hineingezogen. Konzentrieren Sie sich auf *ein* Betriebssystem, es wird dank Ihrem Weitblick, Ihrer fachlichen Analyse und Ihrer profunden Marktkenntnis sowieso das sein, das sich weltweit durchsetzt. Und wenn nicht lässt es sich auch in Nischenmärkten vortrefflich leben.

---

* Wer es nicht versteht liest bitte *Per Anhalter durch die Galaxis* von *Douglas Adams.*

2.4 Reliquienschreine

Ein paar Worte zur Programmiersprache und der Entwicklungsumgebung. Einerseits ist es eine grosse Hilfe, wenn Sie eine Sprache verwenden, die Sie beherrschen. Andererseits ist ein von Grund auf neu entwickeltes Programm auch eine gute Gelegenheit um eine neue Programmiersprache zu lernen.

Letzteres garantiert, dass im Quellcode alle typischen Anfängerfehler der jeweiligen Sprache präsent sind. Ebenso können Sie sämtliche falschen oder unnötig komplizierten Ansätze zur Problemlösung in dieser neuen Sprache praktisch umsetzen. Zwei sehr wichtige Merkmale professioneller Software.

Schlüssel zum Erfolg: Dieser Ansatz garantiert ein schwerfälliges und fehlerhaftes Programm. Ihr Produkt entspricht damit genau den Erwartungen, die der aufgeschlossene und moderne Anwender von der neuen Software hat.

Bis die erste Alphaversion auch nur einigermassen steht haben Sie derart viele Fehler eingebaut, dass an eine baldige Vermarktung noch überhaupt nicht zu denken ist. Aber Sie arbeiten ja in der Software-Branche, erinnern Sie sich? Konkret heisst das, dass vielleicht nicht Sie, aber Ihre Vorgesetzten und die Verkäufer Ihrer Firma das woran Sie noch nicht mal denken schon lange tun. Sie ahnen nicht, wie oft Ihre erste Demo schon für gutes Geld verkauft wird.

Keine Angst, das ist nur gut für Sie, damit ergeben sich genug Gelegenheiten für Korrekturen und Nachbesserungen. Als Angestellter ist Ihr Arbeitsplatz damit für die nächsten Monate erst einmal sicher. Als Freiberufler sind Ihre Unkosten durch in Auftrag gegebene Korrekturen auch eine Weile gedeckt.

Bald haben Sie die neue Sprache so weit gelernt, dass Sie einen grossen Teil Ihrer typischen Anfängerfehler korrigieren und in typische Fortgeschrittenen-Irrtümer ändern können. Spätestens jetzt ist Ihr Produkt marktreif. Spätestens.

Praktische Lebenshilfe: Falls Sie sich nicht zwischen zwei aktuellen Programmiersprachen entscheiden können, überlassen Sie die Entscheidung einer absolut neutralen Instanz. Es ist so einfach: Kopf oder Zahl! Bleibt die Münze auf dem Rand stehen verlagern Sie Ihre Tätigkeit auf den Obstanbau. Haben Sie keine Bedenken, eine für Ihre Zukunft so wichtige Entscheidung vom Zufall abhängig zu machen. Sie wissen ja garnicht wieviele Entschlüsse in Politik und Wirtschaft tagtäglich so getroffen werden. Sie wollen es auch nicht wissen, da Sie sonst den Glauben an die Menschheit verlieren würden.

2.5 Messer, Schere, Licht

Grundsätzlich wird in diesem Ratgeber davon ausgegangen, dass Sie bereits programmieren können. Wenigstens Ihren DVD-Recorder oder den Toaster. Daher ein paar allgemeine Tips, wie Sie Ihr Wissen so falsch und ineffizient wie nur möglich umsetzen können. Damit sich Ihr fertiges Produkt nahtlos in die lange Reihe ineffizienter Software einreiht und ein Verkaufserfolg wird.

So vielfältig die Möglichkeiten sind, Tapeten an der Wand anzubringen, so gering sind die Varianten, eine Tapete *erfolgreich* an die Wand zu bringen. Tapeten können Sie kleben, kleistern, tackern, zementieren, nageln, bügeln, mit Gift- oder Dartpfeilen befestigen oder sie gleich beim Rohbau in den Fugen der Mauersteine einklemmen. Ebenso können Sie darum beten oder einfach nur ganz fest daran glauben, dass sie schon *irgendwie* halten wird.

Kaum anders ist es bei der Software-Entwicklung. Auch hier gibt es wenige richtige, aber dutzende falscher oder zumindest fragwürdiger Möglichkeiten. Im Unterschied zur Tapete, die bei falscher Befestigung bald wieder abfällt, erkennen Sie falsche Methoden in der Programmierung oft erst nach Jahren. Dann ist es zu spät, das Produkt ist mehr oder weniger erfolgreich etabliert.

Dass dennoch Tausende haarsträubender Programme über Jahre hinweg ihre Käufer finden beweist, dass in dieser Branche die üblichen Zusammenhänge zwischen Produktqualität und Verkaufserfolg völlig ausser Kraft gesetzt sind.

Merke: Nicht die Qualität und der Leistungsumfang Ihrer Software ist für den späteren Verkaufserfolg entscheidend. Wichtig sind gutes Marketing und eine völlig überzogene Selbstdarstellung von Ihnen und Ihrem Produkt.

Daher besteht kein Grund, dass Sie sich vorab Gedanken über den geplanten Einsatzzweck, die Besonderheiten der Branche oder über sonstige technische und kaufmännische Belange machen. Auch die langfristige Eignung der von Ihnen verwendeten Entwicklungswerkzeuge ist anfangs zweitrangig und später sowieso nicht mehr zu ändern. Die Gefahr, bei der Auswahl auf das falsche Pferd zu setzen ist so gross, dass jeder lahme Ackergaul recht ist.

Geldwerter Vorteil: Veraltete Compiler aus früheren Epochen gibt es günstig bei Online-Auktionen und auf Flohmärkten. Die sparen nicht nur Geld, sondern sind auch viel schneller und einfacher zu lernen als das ganze neumodische Zeug, das Ihnen dauergrinsende Verkäufer andrehen wollen.

Und da wir schon bei grundsätzlichen Überlegungen und Fertigkeiten sind: machen Sie sich bitte nicht lächerlich, indem Sie mit mehr als zwei Fingern schreiben. Sie sind ein hochqualifizierter Programmierer und keine Tippse!

Auch der Adler, der König der Lüfte, ist sehr erfolgreich mit dieser Methode. Geduldig kreist er über dem Feld, wartet auf seine völlig ahnungslose Beute. Sobald er sie mit scharfem Blick erkennt stösst er blitzschnell auf sie nieder.

Nach diesem Prinzip bewegen Sie maximal zwei Ihrer Finger, vorzugsweise immer einen pro Hand, über die Tastatur. Entspannen Sie sich, lassen Sie die Hände langsam kreisen. Ihr Blick ist konzentriert auf das Tastenfeld gerichtet. Atmen Sie ruhig und gleichmässig, geben Sie sich ganz dem Jagdinstinkt hin. Sobald Sie die gesuchte Taste entdecken stossen Sie, am besten abwechselnd mal mit links und mal mit rechts, auf das völlig ahnungslose Opfer zu. *Klack!*

Treffer! Wieder haben Sie ein Zeichen geschrieben und sind der Vollendung Ihres Werks ein Stück näher gekommen. Was für ein Gefühl des Triumphs! Nach dieser Anstrengung können Sie sich guten Gewissens eine kleine Pause gönnen. Sie wissen jetzt, dass Sie jedes Ziel erreichen können. Irgendwann.

> **Praktische Lebenshilfe:** Wer mit allen 10 Fingern die Tastatur benutzt bekommt früher oder später gesundheitliche Probleme an den Handgelenken. Helfen würden ergonomische Tastaturen, aber das ist nur was für Weicheier oder Intellektuelle. Sowas haben Sie doch nicht nötig! Viel besser ist es, die Verwendung Ihrer 10 Finger gleichmässig über den Arbeitstag zu verteilen. Vormittags jeweils für 20 - 30 Minuten abwechselnd ein Finger der linken Hand und nachmittags jeweils ein Finger der rechten Hand. So bleiben Ihre Sehnen geschmeidig, die Gelenke entspannt und Ihre Fingerkuppen frei von Blasen und Hornhaut. In kaum einer anderen Branche ist es so einfach, den Anspruch auf körperliche Unversehrtheit während der Arbeit umzusetzen.

Technische Hilfen wie Spracherkennung sind dagegen nicht hilfreich. Das ist ja auch wieder nur Software, und seit wann löst Software irgendein Problem?

> **Im Notfall:** Sollten Sie trotzdem einmal für einen kurzen Moment ein unangenehmes Gefühl im Handgelenk verspüren, ist dem sofort abzuhelfen. Entweder Sie legen sich eine Sekretärin (liebe Leserinnen: einen Sekretär) zu und lassen fortan tippen. Oder Sie suchen sich einen korrupten Arzt, der Sie ohne Untersuchung für 6 Wochen krank schreibt. Danach stehen 8 Wochen Reha auf dem Programm, gefolgt von einem dreimonatigen Kuraufenthalt. Abschliessend ist eine längere sanfte Wiedereingliederung absolut nötig.

Apropos Tippen: Lassen Sie bei der Benennung von Dateien, Prozeduren und Variablen Ihrer Phantasie freien Lauf. Künstler haben jede Freiheit der Welt. Sie sollten lediglich darauf achten, dass Ihr Quellcode von niemand ausser Ihnen auf Anhieb verstanden wird. Das Grundgesetz der Programmierung!

Ihr Code ist Ausdruck Ihrer Persönlichkeit und Ihrer individuellen Wesensart. Zudem dient es dem Schutz Ihrer Werke vor Nachahmern. Und für den Fall, dass Sie als angestellter Programmierer tätig sind, dient ein für Ihre Kollegen unverständlicher Code auch der langfristigen Sicherung Ihres Arbeitsplatzes.

Merke: Den Grundsatz *it was hard to write, it should be hard to read* sollten Sie sich verinnerlichen und täglich aufs neue in die Praxis umsetzen.

Erläutern Sie unter gar keinen Umständen die Bedeutung von Variablen oder Konstanten. Etwa durch aussagekräftige Namen oder gar einen erklärenden Kommentar direkt hinter der Deklaration. Niemals, hören Sie! Nie, nie, nie!

Wer seinen Quellcode dokumentiert oder gar sinnvolle Namen wählt beweist nur, dass er ein schlechtes Gedächtnis hat. Vermeiden Sie diese Demütigung.

Sowas machen blutige Anfänger in den ersten Wochen des ersten Semesters. Kein Kollege, kein Vorgesetzter wird Sie je wieder ernst nehmen. Sie bleiben bis an das Ende Ihres Lebens *der Trottel der seinen Quellcode dokumentiert*. Einmal mit diesem Makel behaftet werden Sie sich in dieser Firma, in dieser Stadt, in diesem Land und auf diesem Kontinent nie mehr in die Nähe eines Computers begeben können, ohne sofort lauthals ausgelacht zu werden.

[Regieanweisung: aus dem Hintergrund ertönt mehrstimmiges lautes Lachen, während der betroffene Erstsemester-Student auf der Bühnenmitte kniend in grenzenloser Scham langsam im Boden versinkt. Leise weinend und umringt von nebelhaften Schwaden stirbt er und zerfällt zu undokumentiertem Staub.]

Praktische Lebenshilfe: Als kleine Anregung möchte ich Ihnen meine drei am häufigsten verwendeten Variablennamen offenbaren: x, y und *fuck*. Während x vorwiegend als Schleifenzähler für hochkomplexe Berechnungen verwendet wird, enthält y Zwischen- und oft auch die Endergebnisse besagter hochkomplexer Berechnungen. Beiden sieht man ihre Bedeutung anhand des Namens nicht an, und das ist auch gut so. Ich weiss es, das genügt mir völlig. Und *fuck* dient mir zum Debuggen und für Testausgaben, weil diese elendige hochkomplexe Berechnung einfach keine brauchbaren Ergebnisse liefert. Tja, und da sage noch mal jemand, ich benutze keine aussagekräftigen Namen ...

Verzichten Sie bitte auch auf vorzeitiges und allzu häufiges Compilieren des Codes, das ist reine Zeitverschwendung. Schreiben Sie das Programm einfach von Anfang bis Ende runter, compiliert wird frühestens nach drei Monaten.

Wenn der Quellcode geschrieben ist eliminieren Sie durch erstes vorsichtiges Übersetzen die gröbsten Schreib- und Syntaxfehler. Tun Sie das bis sich das Programm ohne schwere Fehler vollständig compilieren lässt. Dann kann der Verkauf des Produkts beginnen. Warnungen des Compilers können Sie also getrost ignorieren. Diese Warnungen sind nur dazu da Ihrem Chef die nötige Ehrfurcht vor Ihrer Arbeit zu geben, wenn er Ihnen über die Schulter schaut.

Eindruck schinden mit Compiler-Meldungen

Auch um logische und inhaltliche Fehler des Programms brauchen Sie sich in diesem Stadium noch keinerlei Gedanken machen. Später übrigens auch nicht. Die wirklich bösen Fehler werden sowieso immer erst nach dem Verkauf von den Anwendern gefunden. Dazu hat man seine Kunden schliesslich ...

🖈 **Merke:** Ihre Aufgabe ist es nicht, Fehler in Ihrem Programm zu finden, sondern welche zu machen. Die Anwender erwarten heutzutage fehlerhafte Programme und freuen sich über jede Abwechslung im grauen Arbeitsalltag.

Die Möglichkeiten fehlerhaften Quellcode zu erstellen sind sehr vielfältig. Nutzen Sie sie ausgiebig, damit nicht einmal versehentlich ein fehlerfreies Programm entsteht. Der Kulturschock für die Anwender wäre beträchtlich. Ohne schwere Fehler würde Ihr Programm von der Presse, in Foren und an Stammtischen so verrissen werden, dass es praktisch unverkäuflich wäre.

☛ **Praktische Lebenshilfe:** Manchmal wird erst sehr spät erkannt, dass ein Programm zu wenig Fehler enthält. Also müssen nachträglich weitere Fehler implementiert werden. Dieser Vorgang wird auch als Optimierung bezeichnet. Durch Optimierung können Sie ein weitgehend fehlerfreies Programm in eine kuriose Sammlung von Absurditäten verwandeln. Ein weiterer Vorteil ist, dass Sie Programme beliebig oft optimieren können. So entstehen bei Updates die Fehler in den Bereichen, die in der alten Version noch einwandfrei liefen.

2.6 Erklärungsnotstand

Bitte nicht. Bitte tun Sie es nicht. Bitte überspringen Sie dieses Kapitel nicht. Beschäftigen Sie sich wenigstens einmal in Ihrem Programmierer-Leben mit der Dokumentation. Von mir aus nur dieses eine mal und dann nie wieder.

Gute Dokumentation beginnt bei der Namensgebung der Quelltext-Dateien. Für die meisten Entwickler endet die Dokumentation damit bereits wieder. Verwenden Sie kurze Namen, das tippt sich schneller und spart Lebenszeit. Nur weil moderne Systeme Dateinamen mit mehr als acht Zeichen erlauben heisst das noch lange nicht, dass Sie sich die Finger wund tippen müssen.

Insider-Wissen: Bestimmte Zeichen sind prädestiniert dafür, gerade in Dateinamen Probleme zu bereiten. Umlaute und Leerzeichen beispielsweise. Laien neigen daher oft dazu, solche Zeichen erst garnicht zu verwenden. Um als Profi und echter Insider anerkannt zu sein sollten Sie in mindestens 75% Ihrer Dateinamen solche Zeichen verwenden. Einige Dateinnamen sollten sogar ausschliesslich aus diesen sehr problematischen Zeichen bestehen.

Der Dateiname sollte einen gewissen Bezug zum enthaltenen Code haben. So ist es z. B. sinnvoll, Druckroutinen in einer Datei namens *printer* abzulegen, Bildschirmausgaben dagegen in *screen*, um mal einfache Beispiele zu geben. Allerdings gilt das vornehmlich für die Projekte, an denen Sie allein arbeiten.

Wenn Sie dagegen mit anderen zusammen arbeiten gehen Sie bitte anders vor. Dann sind die Druckroutinen in *screen* und die Bildschirmausgaben in *printer*. Das erhöht den zwischenmenschlichen Kontakt und die Kommunikation unter Kollegen. Ein wichtiger Faktor in unserer oft unpersönlichen und sprachlosen Arbeitswelt. Mit simplen Mitteln fördern Sie das Miteinander unter Kollegen und fügen der kalten und technischen Tätigkeit eine soziale Komponente bei.

Ruhm und Ehre: Jede Programmiersprache hat bestimmte Endungen für Quelldateien. So lernt es jeder Anfänger und so macht es jeder Anfänger. Sie als Profi haben das nicht nötig. Vertauschen Sie einfach einige Endungen der Dateien nach dem Zufallsprinzip und erfinden Sie auch mal ein paar neue. Werden Sie gefragt, wozu die Datei *printerscreen.sabbl* dient, ist Ihre Chance gekommen. Klären Sie den Unwissenden mit lauter Stimme und allwissendem Blick darüber auf, dass diese Datei interne Datenbankdefinitionen enthält und fragen Sie warum er das trotz langjähriger Mitarbeit noch immer nicht wisse. In dem Umfang wie Ihr Opfer an Achtung im Team verliert steigen Sie im Ansehen vor Ihren Kollegen und vor Ihren Vorgesetzten gen Himmel auf.

Haben Sie auch schon mal davon gehört, dass zu jeder Quelldatei noch ein erklärender Text über Inhalt und Zweck der Datei an deren Anfang gehört? Natürlich gehört das so, genauso wie zu jedem Fisch ein Fahrrad gehört.

Wenn Sie auch der Meinung sind, nur zu. Dann haben Sie daheim in Ihrem Aquarium neben dem Korallenriff im Kleinformat sicher auch noch einen liebevoll gestalteten Radweg und kleine Bonsai-Fahrradständer eingerichtet.

Noch immer nicht überzeugt? Also schön, meinetwegen. Dann schreiben Sie eben an den Anfang einer Quelldatei so unnötige Dinge wie den Zweck der Datei, das Projekt zu dem sie gehört und die private Handynummer des dafür verantwortlichen Programmierers (*Sie* sind natürlich niemals verantwortlich!). Dazu eine Liste der letzten 99 Korrekturen, wer sie gemacht hat und warum, welche Fehler damit behoben und welche Fehler dafür neu eingebaut wurden.

☞ **Schlüssel zum Erfolg:** Infos zu Korrekturen und Fehlerlisten sind auch eine gute Möglichkeit, eigene Fehler auf unliebsame Kollegen abzuwälzen. Führen Sie Ihren Namen oder Ihr Kürzel bei allen Änderungen auf, die zu einer Verbesserung des Programms geführt haben. Bei korrigierten Fehlern sind zusätzlich dezente Hinweise wie *„x hat schon wieder Mist gebaut"* oder *„ endlich wurde durch meine Änderung der Fehler von x behoben"* sinnvoll.

Zur Dokumentation einzelner Prozeduren können Sie schreiben was Ihnen gerade einfällt. Lassen Sie sich über das Wetter aus oder schreiben Sie sich Ihren Frust über Ihre/n Partner/in von der Seele. Erläutern Sie die politische Lage in der südöstlichen Mongolei und ihre Auswirkung auf die Preise von Rohmarzipan in Schwarzafrika. Alles ist erlaubt, solange es die betreffende Prozedur, ihren Zweck, Aufbau oder gar ihre Aufruf-Syntax nicht erklärt.

Dasselbe gilt für nachträgliche Änderungen an einer Routine. Vermeiden Sie unbedingt Details oder gar den Grund der Änderung zu beschreiben. Solche Angaben interessieren später niemand mehr. Auch das Datum der Änderung ist ohne Belang. Meist genügt die Angabe der vermutlichen Jahreszeit und für besonders pingelige Zeitgenossen noch ob es Vormittag oder Nachmittag ist.

🔑 **Merke:** Die Namen von Prozeduren dürfen unter gar keinen Umständen Rückschlüsse auf einen der folgenden Punkte erlauben: Zweck der Prozedur, Datentyp des Rückgabewerts und Modul oder Projekt zu dem sie gehört. All diese Dinge würden den Code nur unnötig lesbar und verständlich machen. Selbsterklärende Namen sind was für Anfänger, Warmduscher und Landeier.

Beachten Sie bitte zwei wichtige Grundsätze für Software-Dokumentationen. Den ersten hatte ich bereits erwähnt, möchte ihn aber noch etwas vertiefen. *It was hard to write, it should be hard to read.* Oh, Sie können kein Englisch? Macht nichts, das brauchen Sie als Programmierer sowieso nicht. Auf deutsch: *Ein anderer Programmierer, der Ihren Code nicht kennt, sollte mindestens so lange brauchen um ihn zu verstehen, wie Sie zuvor daran geschrieben haben.*

Diese Faustformel sollte als Minimalforderung betrachtet werden. Besser ist es, andere brauchen doppelt solange zum Verstehen wie Sie zum Schreiben. Die ideale Lösung wäre freilich ein für andere völlig unverständlicher Code.

🏆 **Ruhm und Ehre:** Haben Sie erst einmal Jahrzehnte an Berufserfahrung gesammelt wird Ihren Code keiner mehr verstehen. So haben Sie die höchste Stufe erreicht und können das für Sie längst nicht mehr erfüllende Leben als Programmierer aufgeben. Stattdessen lehren Sie Ihr Wissen, triezen an einer Universität die Erstsemester oder schreiben ein Buch über Programmierung.

Nun der zweite Grundsatz, der besonders für angestellte Programmierer gilt: *Je unsicherer Ihr Arbeitsplatz, desto dürftiger fällt Ihre Dokumentation aus.* Oder wollen Sie von dem Frischling, der nicht mal trocken hinter den Ohren ist und gerade „Mami, ich studiere Informatik" sagen kann, ersetzt werden? Wollen Sie nicht! Also: je oberflächlicher, ungenauer und lückenhafter die Dokumentation Ihrer Arbeit ist, desto sicherer ist und bleibt Ihr Arbeitsplatz.

Falls Sie jetzt denken *ich bin doch selbständig, mir kann das nicht passieren*: gut, selbständig sind Sie heute. Vielleicht auch morgen. Und übermorgen? Soll etwa jemand der Ihre Produkte für ein Butterbrot aus der Konkursmasse kauft, Ihr Lebenswerk verstehen und sich an Ihrer harten Arbeit bereichern, während Sie lautlos durch das soziale Netz fallen und in der Gosse landen?

Nein! Also besteht auch für freie Entwickler kein Grund für eine ausführliche Dokumentation. Gehen Sie auch als Freiberufler auf Nummer sicher, machen Sie es potentiellen Schmarotzern und Aasfressern so schwer wie nur möglich. Die Geier dieser Welt können sich jederzeit ohne Vorwarnung auf Sie stürzen. Sollen sie sich gefälligst die Schnäbel blutig hacken beim Zerlegen der Beute!

Ihre Konkurrenten warten schon

Vielleicht ist bei Ihnen jetzt der Eindruck entstanden, dass Dokumentation des Quellcodes unter normalen Umständen kropfunnötig und nur vertane Zeit ist. Nun, Ihr Eindruck täuscht nicht, so ist es. Doch keine Regel ohne Ausnahme.

Neben dem sinnvollen und gezielten Verteilen von Falschinformationen für Ihre Nachfolger kann es noch mehr Gründe für eine komplexe Beschreibung Ihrer Ergüsse geben. Keine Bange, in der Praxis treten diese Fälle selten auf.

Nehmen wir an, Sie haben das Programm längst abgeschlossen, aber Ihr Chef oder Auftraggeber soll davon nichts merken. Zum Beispiel, weil Sie einen hohen Stundensatz für das Projekt herausgeschlagen haben. Dann können Sie mit einer *sehr* ausführlichen Dokumentation den längst fälligen neuen Wagen oder den schon seit Jahren geplanten Malediven-Urlaub locker verdienen.

In diesem Fall sollten Sie Dokumentationen sorgfältig und überlegt schreiben. Machen Sie sich vor dem Drücken jeder Taste Gedanken über die möglichen Folgen Ihres Tuns. Was für Auswirkungen auf Ihren Text, auf Ihr Leben, gar auf die Zukunft der Menschheit könnte es haben, wenn Sie genau diese Taste ausgerechnet jetzt drücken? Und was könnte passieren wenn Sie es nicht tun?

Welche traumatischen Erlebnisse aus Ihrer Kindheit oder aus früheren Leben haben Sie dazu bewogen, sich gerade jetzt für diesen Satzbau zu entscheiden? Gibt es Alternativen oder ist es für eine andere Wortwahl etwa schon zu spät? Gedanken und Überlegungen, bei denen sich tief in die Seele blicken lässt.

> **Seitenblick:** Was glauben Sie, wie oft ich beim Schreiben dieses Buchs solchen Fragen nachgegangen bin. In diesen Momenten leiden Programmierer und Autoren Höllenqualen. Ich sogar doppelt als programmierender Autor ...

Beziehen Sie Ihre Überlegungen, Erkenntnisse und mögliche Alternativen ruhig in die Dokumentation mit ein. Schreiben Sie alles auf. Mag sein, dass sich das Ganze damit ein klein wenig in die Länge zieht und die geplante Fertigstellung des Projekts etwas verschoben wird. Aber wer wird denn so kleinlich sein, wegen der paar Stunden oder Monate. Vorallem bei diesem hohen Stundensatz, den Sie so schnell nicht wieder bekommen werden ...

> **Geldwerter Vorteil:** Statt nach Zeit können Sie auch überlegen, sich nach Kilobyte bezahlen zu lassen. Frei nach dem Motto *Masse statt Klasse*. Dann ist eine umfangreiche Dokumentation mit grosszügiger Formatierung, zahlreichen Schaubildern und hochauflösenden Grafiken bares Geld wert.

2.7 Du nix deutsch

Es spielt keine Rolle, ob Sie Programme und Dokumentationen in deutsch, englisch oder meinetwegen kyrillisch schreiben. Der Inhalt zählt, nicht das Aussehen. Zwar gibt das Äussere oft auch Aufschluss über die emotionale Beschaffenheit und das Wertgefüge des Schreibers. Aber solange Sie nicht handschriftlich dokumentieren oder programmieren ist das nicht relevant.

Gleiches gilt für die Namen Ihrer Prozeduren, Variablen, Konstanten und so weiter. It is absolutely egal, ob this in deutsch or in englisch gewritten wird. Kombinationen mehrerer Sprachen, gern auch mal innerhalb eines Wortes, zeigen wie hochbegabt, kosmopolitisch und weltoffen Sie sind.

Ein Beispiel: wenn Sie eine Variable *loop* oder *zähler* nennen, gehören Sie vermutlich zur Kaste der idealen Schwiegersöhne (oder -Töchter), werden es in dieser Branche aber niemals weiter als zum Aushilfs-Entwickler bringen. Zeigen Sie Flagge. Sie sind gebildet und weltgewandt, also ist es für Sie selbstverständlich, Variablen *SchleifenCounter* oder *LoopZähl* zu nennen.

> ✒ **Merke:** Die im obigen Absatz erwähnten Beispiele für Variablennamen dürfen Sie für fast alles verwenden, lediglich für Schleifenzähler sind sie tabu.

Fragen Sie sich, ob es nicht sinnvoll ist, gerade in technischen Bereichen die Weltsprache Englisch zu verwenden? Damit man Ihren Code überall auf der Welt versteht? Der Zukunft willen? Schliesslich weiss man ja nie, in welche internationalen Gefilde die eigene Firma einmal segeln wird. Oder welcher ehemalige Slumbewohner aus Kalkutta das Projekt übermorgen übernimmt.

Wenn Sie von der Uni kommen ist es normal, alles in englisch zu schreiben. Das ist eines von rund fünfzig Erkennungsmerkmalen von Uni-Frischlingen. Studenten platzen vor theoretischem Wissen, aber die praktische Berufs- und Lebenserfahrung tendiert gegen Null. Studentinnen ebenso. Da liegt es nahe Englisch zu benutzen, gerade weil das Schulenglisch ja längst vergessen ist. And, how goes you with my ratschlags, help they you in your toll new job?

> 🗣 **BlaBlaBla:** Warum schreiben Sie nicht einfach so wie Sie auch reden? Quellcodes und Dokumentationen in Mundart fördern zwar nicht immer das Verständnis untereinander, dafür die Bindung an Sitten und Gebräuche Ihrer Heimat. Gerade wenn ein Entwickler-Team aus verschiedenen Landesteilen zusammengewürfelt wird bereichern für andere unverständliche Dialekte das tägliche Miteinander. Gleichzeitig beugen Sie so effektiv dem Heimweh vor.

2.8 Das böse F-Wort

Es ist höchst unanständig und gilt zurecht als Unwort der gesamten Branche. Kein Begriff wird in der Informationstechnologie so häufig zusammen mit völlig irrationalen Vorstellungen und realitätsfernen Behauptungen genannt. Ein Wort, wie es verlogener nicht mehr sein kann. Die Rede ist von *fertig*.

Keine Frage eines Vorgesetzten, eines Projektleiters oder eines Kunden wirkt derart verängstigend. Nichts bewirkt solch einen panischen Fluchtreflex beim angesprochenen Entwickler wie die Frage *„ Wann ist das Programm fertig? “*. Keine Behauptung eines Programmierers klingt derart absurd und löst ein so ungläubiges Staunen unter den Zuhörern aus als *„ Das Programm ist fertig "*.

Wie vermeintlich harmlos klingt dagegen *„ Wir wollen doch nur dein Bestes "* aus unserer Kindheit in den Ohren. Selbst die erfrischende Wahlkampflüge *„ Die Renten sind sicher "* von Politikern ist für jeden halbwegs denkfähigen Menschen als Wattebäuschchen-Rhetorik aus dem Märchenland erkennbar. Sogar das dreist verlogene *„ Eine absolut sichere Anlage "* des Bankberaters klingt immer noch hundert mal ehrlicher, glaubwürdiger und seriöser als die infame Behauptung *„ Das Programm ist fertig "* eines Programmierers.

 Denkvorlage: Benutzen Sie dieses Wort bitte nie nie nie: ~~fertig~~.

Fertig. Entschuldigung. Ein harmloses Wort, nur zwei Silben. So leichtfertig dahingesagt, so schnell ausgesprochen, so voll abscheulicher Konsequenzen. In Ihrem beruflichen Umfeld gibt es sicher niemand, der Ihre Aussagen wie *„ Das Projekt wird fertig bis ..."* auch nur ansatzweise ernst nimmt. Darauf festlegen, ja geradezu festnageln wird man Sie auf diese Aussagen trotzdem. Wieder und immer wieder. Bis zum genannten Termin und darüber hinaus.

Dummerweise ist es immer wieder dieselbe sinnlose Frage, der Sie niemals ausweichen können. Nicht als Programmierer. Die Frage *„ Wann ist es fertig? "* gehört zu Ihrem Berufsleben wie Systemabstürze, laute PC-Lüfter, nervende Vorgesetzte und quengelige Kunden. Sie brauchen also eine klare Strategie.

Praktische Lebenshilfe: Es ist wie immer, dämliche Fragen verlangen nach einer ebensolchen Antwort. Das Schlüsselwort für diesen Fall ist *bald*. Ein Programm, das *bald* fertig ist, lässt allen Beteiligten genügend Spielraum für eine ganz individuelle Interpretation der Lage. Ihr Chef und Ihre Kunden übersetzen *bald* mit *heute noch*, für Sie heisst es eher *vielleicht nächstes Jahr*.

Auch Tricks wie die Aussage „*Es wird fertig bis Dezember*" ohne explizit das Jahr zu nennen werden Sie nicht wirklich weiterbringen. Ganz im Gegenteil, solche Aussagen können schlimmstenfalls sogar wie ein Bumerang auf Sie zurückfallen. Wenn Sie beispielsweise im April sagen, dass ein Projekt im Dezember fertig ist, irren Sie wenn Sie glauben damit acht Monate gewonnen zu haben. Denn sofort sehen Sie sich dem Vorwurf ausgesetzt, schon wieder vier Monate überzogen zu haben, es sei April und der Dezember lange vorbei.

♪ Merke: Antworten auf die Frage „*Wann ist es fertig?*" dürfen niemals Zeitangaben in Form von Tagen, Wochen, Monaten oder Jahren enthalten. Allenfalls das Jahrhundert kann zur groben Orientierung angedeutet werden. Die Nennung eines konkreten Datums kommt im Regelfall einem Selbstmord gleich. Es ist ausschliesslich in einer speziellen Situation zulässig: wenn man Sie gekündigt hat und das genannte Datum *nach* dem letzten Arbeitstag liegt.

Dass Termine zur Fertigstellung von Software nie eingehalten werden, ja gar nicht eingehalten werden können, hat natürlich seinen Grund. Vorallem weil die Termine meist von Personen vorgegeben werden, die von der tatsächlich nötigen Arbeit keinen blassen Schimmer haben. Von Verkäufern und Chefs.

Dennoch werden diese sog. Mondtermine immer durchgesetzt. Zwar wissen alle beteiligten Entwickler von Anfang an, dass mindestens die vierfache Zeit nötig sein wird, um eine halbwegs stabile Beta-Version fertigzustellen. Aber sagen wird das niemand. Jedenfalls nicht dem Verkäufer und nicht dem Chef, höchstens dem Psychotherapeuten oder wer immer seelischen Beistand gibt.

💰 Geldwerter Vorteil: Da von Vorgesetzten geplante Termine immer völlig haltlos sind können Sie den Bogen ruhig noch weiter überspannen. Antworten Sie „*Kein Problem, wir können das auch zwei Wochen früher*". Vermeiden Sie dabei aber unbedingt das böse F-Wort und lassen Sie offen, *was* Sie zwei Wochen früher können. Dieses Vorgehen bietet sich auch an, wenn eine Gehaltserhöhung überfällig ist oder der Abteilungsleiter kürzlich einem Herzinfarkt erlegen ist und sich Karrierechancen in der Firma auftun.

Als selbständiger Entwickler werden Sie die Wunschtermine Ihrer Kunden auch stumm und klaglos akzeptieren, wohl wissend dass sie unhaltbar sind. Aber wollen Sie den Kunden deswegen gleich an die Konkurrenz verlieren? Natürlich würde er auch dort schamlos belogen und bekäme das Blaue vom Himmel versprochen. Niemand würde diesen Wunschtermin das nennen was er ist, der Termin zum Richtfest im Traumschloss Wolkenkuckucksheim.

All das sind Fakten. Aber das Wissen um Tatsachen hilft uns leider überhaupt nicht weiter. Die menschliche Ignoranz und Dummheit sind stärker, dagegen haben weder Vernunft noch Erfahrungen auch nur den Hauch einer Chance.

> 👁 **Seitenblick:** Betrachten Sie es philosophisch. Vielleicht spiegelt sich das Dilemma der menschlichen Evolution mit all seinen Höhen und Tiefen, mit all den Irrwegen und Irrtümern, mit all den Hoffnungen und Enttäuschungen und dem täglich zelebrierten Nichtlernenwollens aus Fehlern in einem Wort: *fertig.*

Zudem schwebt über all dem auch noch die bis heute unbeantwortete Frage: *Was ist fertig?* Wie definiert ein Entwickler *fertig*, wie sein Projektleiter, wie dessen Abteilungsleiter, wie der Verkäufer und wie der Typ mit *Managing Director Marketing and Sales* auf der hochglänzenden Visitenkarte. Was ist für den Chef *fertig*, was verstehen die Kapitalgeber und Investoren darunter?

Da prallen Welten aufeinander! Jeder Kosmologe gerät ins Schwärmen, wenn er das Aufeinanderprallen weit entfernter Galaxien im Teleskop beobachtet. Dieselben Effekte zeigen sich, wenn in den Software-Häusern dieser Welt Personen mit unterschiedlichen Vorstellungen über *fertig* aufeinanderprallen.

Die einen blähen sich zu einem tosenden Feuerball auf, andere verglühen still und leise ehe man sie überhaupt richtig wahrnimmt. Manchmal verschmelzen zwei miteinander und werden für kurze Zeit eins, bevor sie beide von einem grossen Schwarzen Loch aufgesogen werden und für immer verschwinden. Was zurück bleibt ist meist nur sehr viel Staub und jede Menge heisser Luft.

Doch zurück zur alles entscheidenden Frage: *Wann ist ein Programm fertig?* Die naive Antwort *Wenn es das tut was es tun soll und keine Fehler mehr hat* hört man von Menschen, die zwar von Programmierung null Ahnung haben, dafür aber voller Inbrunst an den Weihnachtsmann glauben. Die Pragmatiker behaupten, ein Programm sei fertig sobald es ohne Fehler zu kompilieren ist.

Uni-Frischlinge betrachten Software als fertig, sobald die undokumentierte Namensliste aller beteiligten Entwickler und das bei Anzeige dieser Liste ablaufende Feuerwerk implementiert ist. Karrieristen und Sekretärinnen glauben dagegen zu wissen: Programme sind fertig wenn der Chef es sagt.

> ⚓ **Insider-Wissen:** Der einzig wahre Zeitpunkt, wann ein Programm *fertig* ist, ist nur ausgesprochenen Insidern bekannt. Ich verrate es Ihnen, aber nur unter der Bedingung, dass Sie es für sich behalten. *Ein Programm ist fertig, sobald die Programmierer keinen Bock mehr haben daran weiter zu arbeiten.*

2.9 Schuld und Sühne

Eine weitere Frage im Dunstkreis des bösen F-Worts lässt sich dagegen einfach und leicht belegbar beantworten. Die Frage lautet: *Wer ist Schuld, wenn ein Programm nicht rechtzeitig fertig wird?* Die Antwort kennen Sie, sobald Sie nur einen Tag in dieser Branche arbeiten: *Die Programmierer!*

Sie sind das schwächste Glied der Kette, stehen ganz unten in der Hierarchie und nicht selten auch mit dem Rücken zur Wand. Jede Schuld unterliegt der Schwerkraft und wird solange nach unten durchgereicht, bis es nicht mehr tiefer geht. Dort, ganz unten, befinden sich die Gewölbe der Programmierer.

Schliesslich sind es die Entwickler, die durch ihrer Hände Arbeit Zeile für Zeile tippend, in tage- und nächtelanger Arbeit das Werk erschaffen haben. Ein Werk, das sich ihr genialer Chef oder sein nicht minder phantasievoller Verkäufer in nur wenigen Augenblicken ausgedacht und Sekundenbruchteile später bereits dem ersten Kunden als *f...* (Sie wissen schon) verkauft haben.

🔊 **Praktische Lebenshilfe:** Das alles ist kein Grund, jetzt eingeschüchtert oder gar frustriert zu sein. Bedenken Sie, noch niemals ist ein Fertigstellungs-Termin eines IT-Projekts eingehalten worden. Das wird auch nie geschehen.

Wenn man Ihnen einen Termin diktiert sagen Sie im Regelfall einfach *„ja"*. Mehr müssen Sie nicht sagen, jedes weitere Wort wäre Zeitverschwendung. Denken Sie nicht weiter darüber nach. Sie brauchen sich den Termin noch nicht einmal merken, man wird Sie zu gegebener Zeit schon daran erinnern.

Wenn Sie aber gebeten werden selbst einen Termin zu nennen, sollten Sie herausfinden, welche Fristen in der Firma oder in der Branche üblich sind. Es gilt die Regel: Je riskanter und kostspieliger der Auftrag, je bekannter die beteiligten Firmen, je mehr Steuergelder das Projekt evtl. verschlingt, desto kürzer und unrealistischer sind die Termine. Das ist so und das ist normal.

Nennen Sie einen Termin, den man von Ihnen erwartet. Das erspart unnötige Diskussionen, die am Ende doch keine fruchtbaren Ergebnisse bringen. Dass der Termin von vorn herein unhaltbar ist wissen Sie. Alle anderen wissen es auch, ignorieren es aber und können sich diese Ignoranz auch locker leisten. Warum? Haben Sie schon vergessen, dass Schuld dank der Schwerkraft ...

Legen Sie sich lieber ein dickes Fell und einen guten psychologischen Berater zu. Betreiben Sie zum Ausgleich Kickboxen und essen Sie regelmässig rohes Fleisch. Termine? Nur die bei Ihrem Psychiater sind die wirklich wichtigen!

Wer ist Schuld ist auch die sofort gestellte Frage bei allen Arten von Fehlern. Natürlich habe ich auch für die Lösung der Schuldfrage eine Strategie für Sie. Sie sehen, Ihr Geld für den Kauf dieses Buches ist wirklich sehr gut angelegt.

> 🖋 **Hot:** Die geniale Lösung des Problems hat das schlichte Kürzel *DSDS!* Nein, das ist keine Fernsehsendung, in der junge und naive Halbwaisen vor der ganzen Nation live zum Idioten gemacht werden. In Wirklichkeit steht das Kürzel *DSDS* für eine einzigartige Strategie: *Die Schuld delegieren Sie.*

Jetzt fragen Sie sich vermutlich, an wen Sie diese Schuld delegieren sollen. Nun, nichts leichter als das. Unabhängig von der oder den Zielpersonen ist sicher, dass Schuld dank der Schwerkraft immer nach unten delegiert wird.

Sehen Sie sich zuerst einmal in Ihrer Firma um. Wer in der Hierarchie unter Ihnen ist ein potentielles Opfer. Gibt es Uni-Frischlinge oder Praktikanten? Und, sehr wichtig, gehören Sie selbst nicht (mehr) zu einer dieser Gruppen? Wenn dem so ist, haben Sie Ihr Opfer schon gefunden. Handeln Sie! Jetzt!

Wenn nicht geht die Welt aber auch nicht unter. Schliesslich entwickeln Sie Software. Und was hat Software ausser Lücken und Fehlern? Anwender! Zahlende Kunden, sogenannte Benutzer, sind *die* Schuldigen schlechthin.

> ⛏ **Insider-Wissen:** Benutzer werden häufig auch Endanwender genannt. Die Bezeichnung kommt daher, weil diese Personen bei Softwarefehlern am untersten Ende der Schuldzuweisungskette hängen. Egal was für Fehler auch passieren, Endanwender sind am Ende selbst Schuld. Ende der Diskussion.

Übrigens, beim Schreiben dieser Zeilen hat mein Textverarbeitungsprogramm das Wort *Softwarefehler* als unbekannt markiert. Wenn das kein Beweis ist! Es gibt keine Softwarefehler. Ein Programm muss das schliesslich wissen!

Einsatz der DSDS-Strategie

2.10 Namen sagen alles

Wenn sich Ihr neues Programm in der Grauzone zwischen Alpha- und Beta-Stadium befindet, also marktreif ist, wird es Zeit ihm einen Namen zu geben. Genial, einprägsam und unverwechselbar sollte er sein. Ein Name, der die Menschheit aufhorchen lässt. Ein Name, der beim hören und lesen, ja selbst wenn ihn jemand in der Nähe nur denkt, nachhaltigen Kaufzwang auslöst.

Eine häufige Variante ist, den Verwendungszweck zum Produktnamen zu verarbeiten. Bei Benennung wie *Büroverwaltung*, *Adressen-Manager* oder *Aktiendepot-Programm* sieht der potentielle Kunde sofort um was es geht. Leider sieht er damit auch sofort, dass er es nicht braucht. Namen die auch gleich den Zweck des Programms verraten gilt es also eher zu vermeiden. Ausnahmen gelten lediglich für *Millionärsmacher* oder *Glücksverwaltung*.

> **Denkvorlage:** Namenszusätze wie -*Manager*, -*Verwaltung* oder einfach nur -*Programm* sind für jede Branche und jeden denkbaren Zweck geeignet. Nicht nur dass das eine brandneue Idee ist, die vor Ihnen noch niemand hatte. Diese geistreichen Namen klingen auch nach Innovation und purer Genialität.

Zugegeben, das klingt alles auch etwas nach verstaubten Aktenordnern aus den Katakomben einer Behörde. Aber wieviele Behörden gibt es, die jahrein jahraus nur sich selbst verwalten, die Menschen behindern und Steuergelder verplempern. Da sehen Sie, wie beständig und einträglich dieses Konzept ist. Eine Software, die an verstaubte Aktenordner erinnert, muss erfolgreich sein.

Man erkennt anhand eines solchen Namens sogleich, dass es sich um ein Programm mit herausragenden Fähigkeiten handelt. Eines mit ganz ganz vielen ganz ganz tollen Funktionen, die alle ganz ganz dringend brauchen. Ideal ist es, wenn dem potentiellen Käufer schon beim Produktnamen übel wird. Dann kann es bei der Anwendung nicht mehr viel schlimmer werden.

> **Ruhm und Ehre:** Sind Sie in der Branche oder Ihrer Zielgruppe noch unbekannt? Das ändern Sie schnell, wenn Sie Ihren eigenen Namen benutzen. Zahlreiche Entwickler haben das bereits erfolgreich praktiziert und wurden so vom Nobody zum weltbekannten Markennamen. Nehmen wir beispielhaft an, Sie heissen *Ulf Neubert* (um jegliches Restrisiko auszuschliessen, mit einem willkürlichen Namen doch einem Leser ungewollt auf die Füsse zu treten). Etablieren Sie *Ulf's Powertools*, prägen Sie den Begriff der *Neubert-Utilities*, oder machen Sie *Neubert-Molke* zum Standard in der Molkerei-Verwaltung. Was bei Milchprodukten funktioniert klappt auch bei Software, wetten?!

Lernen Sie aus anderen Wirtschaftszweigen, z. B. der Automobil-Industrie. Kaum ein Modell das nicht ein Kürzel hinter dem Namen hat, wie *GT*, *TDI* oder *SRT*. Kaum jemand kennt deren Bedeutung, trotzdem klingen sie gut.

Von den Möglichkeiten im Marketing ganz zu schweigen. Wenn Ihre primäre Zielgruppe unter 25 ist sollte im Kürzel auf jeden Fall ein X enthalten sein. Aber Vorsicht, erfolgt die Markteinführung erst ca. 2020 nehmen Sie lieber gleich Y. Kein Kult dauert ewig und auch die Jugendbewegung wandelt sich. Planen Sie bereits heute für ca. 2030, dann sehen Sie besser gleich ein Z vor.

Wenn Sie dagegen die reifere Generation im Alter von 50+ ansprechen, sollte es sich um eine einfache und auch leicht zu merkende Zeichenfolge handeln. Meiden Sie Kürzel wie *ALT* oder *TOD*, sie könnten zu Missverständnissen führen und den Sympathiewert Ihres Produkts in der Zielgruppe schmälern. Vermeiden Sie die Buchstaben *F*, *S*, *P*, *V* und *W*, damit sich das Kürzel ohne Imageverlust auch mit Dritten Zähnen in der Öffentlichkeit aussprechen lässt.

☛ **Schlüssel zum Erfolg:** Die Bedeutung Ihres Kürzels halten Sie geheim. Nutzen Sie aber jede sich bietende Gelegenheit, um darauf hinzuweisen dass es geheim ist. Über Mittelsmänner streuen Sie gezielt Gerüchte über mögliche Bedeutungen. Diese Gerüchte heizen Sie weiter an, indem Sie in den Medien kommentieren, dass Sie solche Gerüchte grundsätzlich nicht kommentieren.

Was viele nicht wissen: je länger der Name, desto höher die Aufmerksamkeit. Als Nebeneffekt bläht ein langer Name die meist dürftige Dokumentation um ein Vielfaches auf. Nie wieder werden Sie dem Vorwurf ausgesetzt, dass Sie ein dünnes Heftchen als Beschreibung beilegen. Je Länger der Name, desto umfangreicher und damit professioneller wird das dazugehörende Handbuch.

Wiederholen Sie dazu in der Beschreibung den Namen möglichst oft. Jeder Anwender freut sich, in jedem zweiten Satz *Neubert-Utilities* lesen zu dürfen, um beim vorherigen Beispiel zu bleiben. Einen sinnvolleren Zeitvertreib kann sich kein Käufer Ihres Produkts vorstellen. Ausserdem wird sich der Name so für alle Zeiten in die Gehirnwindungen Ihrer Kunden einbrennen. Es entsteht eine tiefe Beziehung zum Produkt. Eine lebenslange Bindung und der sichere Kauf eines jeden Updates, und sei es noch so unnötig, ist Ihnen damit sicher.

🎤 **BlaBlaBla:** Lange Namen verlängern autom. auch jeden Artikel in der Presse über Ihr Produkt. Auch jede Unterhaltung darüber wird in die Länge gezogen. Ihr Produkt gewinnt an Bedeutung, der *gefühlte Wert* steigt enorm.

Auch die Versionsnummer können Sie dem Namen zufügen. Achten Sie aber darauf, keine simple Nummer zu verwenden. Zeigen Sie potentiellen Kunden, wieviel Hingabe und Detailarbeit in der Entwicklung Ihrer Produkte steckt.

Denkvorlage: Ein simples *Fakturierung 1.0* wirkt nur grau und blass. Wie wäre es mit *„Power-Faktura PCX V. 1.0.1.2 Rel. 3 Build 256 ext. Ed.".* Welch ein Name! Innovativ, modern und kraftvoll. Einfach hyper-mega-hip.

Statt Versionsnummern sind auch Jahreszahlen möglich. Achten Sie darauf, dass die Jahreszahl im Produktnamen nie mit dem Jahr der Markteinführung identisch ist. Sonst wird Ihr Programm noch als vermeintlich verfrüht auf den Markt gebrachtes Vorserien-Produkt abgestempelt und links liegen gelassen.

Die Grossen machen es vor. Niemand beklagt sich darüber, wenn *xyz 2008* erst 2010 auf den Markt kommt. Im Gegenteil, es suggeriert eine um zwei Jahre verlängerte Entwicklungs- und Testphase, also ein ausgesprochen ausgereiftes und fehlerfreies Produkt. Was es dann ja meistens auch ist ...

Das reicht nicht? Ihr Produkt soll schon allein durch den Klang des Namens *mehr* versprechen? Betrachten Sie die Welt mit offenen Augen und Ohren. Unter welchen Namen werden die Programme der Konkurrenz angeboten? Wandeln Sie diese Namen nur leicht ab, ein Buchstabe genügt oft schon. Klang und Betonung der Namen sollten zum Verwechseln ähnlich sein.

So erreichen Sie zweierlei: erstens wird Ihr Produkt mit dem der Konkurrenz gleichgesetzt, idealerweise sogar damit verwechselt. Markteintritt gelungen! Und zweitens sichern Sie sowohl Ihrem als auch dem Anwalt der Konkurrenz ein attraktives Mandat mit hohem Streitwert und damit ebenso hohen Kosten. Da Sie die Rechtskosten im Regelfall steuerlich geltend machen können sind die Verluste absetzbar und als innovative Form des Marketings zu verstehen. Der Ausgang des Prozesses ist Nebensache, Hauptsache Sie werden bekannt.

Praktische Lebenshilfe: Kaufen Sie ein Wörterbuch einer exotischen Sprache. Welche ist egal, wichtig ist nur dass Sie die Sprache nicht kennen. Schliessen Sie Ihre Augen, schlagen Sie eine beliebige Seite auf und tippen Sie blindlings auf irgendeine Stelle im Buch. Schon ist der Name gefunden! Dabei ist auch wichtig: lesen Sie nur das Wort, aber nicht seine Übersetzung. Es könnte Sie nur unnötig belasten, wenn Sie die Bedeutung kennen würden. Das Restrisiko eines politischen oder gesellschaftlichen Fettnäpfchens bleibt damit zwar bestehen, würde aber den Bekanntheitsgrad noch weiter steigern.

Wenn Sie die bisherigen Ratschläge nicht überzeugt haben bleibt immer noch die Möglichkeit eines reinen Phantasie-Namens. Beschränken Sie Ihre Suche dabei nicht durch unnatürliche Grenzen wie dem Alphabet. Beziehen Sie auch fremdländische Buchstaben, Satz- und Sonderzeichen in die Auswahl mit ein.

Schlüssel zum Erfolg: Ausrufezeichen hinter dem Namen haben schon manchem Produkt zum weltweiten Durchbruch verholfen. Damit ist die Idee zwar verbrannt, aber ein ähnlich wirksames Erfolgsrezept ist noch unentdeckt. Verwenden Sie drei *???*, aber nicht hinter sondern *vor* Ihrem Produktnamen. Allein beim Anblick von *???Neubert...* im Software-Regal bleiben potentielle Kunden verwundert stehen, überlegen kurz (oder auch nicht) und ... kaufen!

Sonderzeichen, die durch gleichzeitiges Drücken mehrerer Tasten geschrieben werden, wirken auch sehr trendy. Hoch- und tiefgestellte Buchstaben, die je nach PC und Betriebssystem anders erzeugt werden, fördern bei Journalisten die spielerische Beschäftigung mit einer modernen PC-Tastatur.

Ein Name den niemand aussprechen kann zieht auch jedes Gespräch darüber in die Länge. Und je länger sich die Menschen mit etwas beschäftigen, desto vertrauter wird es und desto eher wird es Bestandteil ihres täglichen Lebens.

Ruhm und Ehre: Den Olymp haben Sie erreicht, wenn es Ihnen gelingt ein völlig neues Zeichen weltweit einzuführen. Eines das es bisher nirgendwo gibt, das aber dank Ihrer innovativen Software schon bald auf einer eigenen Taste auf jeder Tastatur zu finden sein wird. Ohne Monopol geht sowas aber nicht, Sie müssen schon die Weltherrschaft anstreben, um das durchzusetzen.

Der Name kann auch ruhig mal zweideutig sein, wie alltägliche Gegenstände beweisen. Denken Sie bei *Lattenrost* an eine Unterlage für die Matratze, oder an eine meist früh morgens bei Männern auftretende Geschlechtskrankheit?

Praktische Lebenshilfe: Wenn Ihnen partout kein Name einfallen will, empfehle ich Ihnen einen Besuch im nächsten Supermarkt. Studieren Sie in Ruhe die Produktnamen in der Haushaltsabteilung, z. B. von WC-Reinigern oder Scheuermitteln. Auch das nächste Gartencenter kann eine Quelle der Inspiration sein. Bei den Kunstdüngern und Schädlingsbekämpfungsmitteln finden Sie sicher zahlreiche Anregungen für einen einprägsamen Namen. Wurden auch die schon von der Konkurrenz ausgeschöpft bleiben Apotheken und medizinische Wörterbücher als Füllhorn ausgefallener Namensgebungen.

---

3. Gut und Böse

3.1 Hartgekochte Weichspüler

Es ist guter Stil in Ratgebern, wichtige Fachbegriffe am Anfang zu erläutern. Dann können auch die Leser, die sich erstmals mit dieser heiklen Thematik befassen, dem Inhalt folgen. Ich will Ihnen daher eine kurze Definition von zwei Begriffen geben, die sowohl im Verlauf des Buches, als auch in Ihrem Berufsalltag öfter vorkommen. Es geht um *Hardware* und *Software.*

Unter *Hardware* versteht man die Dinge an einem Computer, die aus festen und mehr oder weniger harten Materialien bestehen. Alles was Sie anfassen, schlagen, treten, zerstören und wütend in die Ecke werfen können. Oder was gemäss Form, Grösse und Gewicht dazu geeignet ist, als Wurfgeschoss und HighTech-Stolperstein verwendet zu werden. Anders gesagt alles was Ihnen und Ihren Mitmenschen *körperliche* Schäden und Schmerzen zufügen kann.

Dagegen versteht man unter *Software* die Dinge der IT-Welt, die so weich sind, dass sie weder mit Händen zu fassen noch mit Füssen zu treten sind. Beispielsweise das Betriebssystem und all die Programme, die im Computer und in dessen Speicher (der wiederum zur ganz harten Sorte gehört) stecken. Anders formuliert, alles was dazu geeignet ist, wegen haarsträubender und realitätsferner Abläufe Ihnen und anderen *seelischen* Schaden zuzufügen.

Merke: *Hardware* unterliegt den Gesetzen von Physik und Schwerkraft, ist sichtbar und hinterlässt körperliche Schäden, wenn man damit kollidiert. *Software* unterliegt den Gesetzen von Dummheit und Ignoranz, ist unsichtbar und verursacht vorzugsweise Schäden im seelischen und emotionalen Bereich.

Kommt Ihnen der zweite Begriff oder die Definition irgendwie bekannt vor? Erinnert Sie das an etwas aus Ihrem eigenen Leben, wenn auch nur flüchtig? Nun, das könnte daran liegen, dass Sie selbst Programmierer sind und diese softig-weichen Dinge produzieren. Oder davon träumen es einmal zu tun.

Wie auch immer, Sie dürfen sich glücklich schätzen, etwas derart Einmaliges vollbringen zu dürfen. Gehen Sie dafür jetzt sofort zum nächsten Spiegel und sonnen Sie sich einen Moment in Ihrem eigenen, weithin strahlenden Glanz.

[Kleine Pause, wir warten auf die Rückkehr des geschätzten Lesers ...]

Na, wie war's? Ist es nicht ein kleines Wunder, dass Sie quasi aus dem Nichts heraus etwas erschaffen. Etwas, das niemand will und dennoch jeder braucht. Das bei Ihren Mitmenschen so viel Stress und Frust auslöst, soviele schwere psychische Schäden verursacht. Ist das nicht ein einzigartiges Gefühl?!

Seitenblick: Sie erfüllen ein wichtiges Grundbedürfnis der Menschen. Wenn man bedenkt was sich die Leute alles gefallen lassen in ihrem Leben, z. B. von Politikern, Vorgesetzten, Beamten, Schwiegermüttern und Päpsten, so gibt es nur eine Erklärung: die Mehrzahl der Menschen sind Masochisten. Mit Ihren Programmen befriedigen Sie diese Sehnsucht nach Erniedrigung.

Genug der Selbstbeweihräucherung, zurück zum roten Faden. Bei Hardware gilt bekanntlich das Gesetz, dass sich die Leistung etwa alle eineinhalb Jahre verdoppelt, während sich der Preis im selben Zeitraum halbiert. Das ist Fakt. Übertragen auf Software heisst das, dass sich Speicherbedarf und Fehlerzahl alle 18 Monate verdoppeln, während sich der Nutzwert halbiert. Auch Fakt.

Ebenso ist es eine Tatsache, dass die Entwicklung von Hard- und Software perfekt aufeinander abgestimmt ist. Selbstverständlich nicht zum Nutzen der zahlenden Käufer, sondern für gesunde Bilanzen der gesamten IT-Branche.

Jedes neue Programm, jedes Update benötigt mehr Platz auf der Festplatte, mehr Hauptspeicher, eine schnellere Grafikkarte und bessere Prozessoren. Und jede neue Hardware verspricht, dass damit die vielen tollen Programme besser und schneller laufen und effektiver einzusetzen sind als jemals zuvor.

Somit ergänzen sich Entwicklungen bei Hard- und Software in idealer Weise. Sie puschen sich gegenseitig und erzeugen einen nie enden wollenden Bedarf. Eine gelungene Symbiose, ein perfektes System zur Ausbeutung der Nutzer.

Niemand kann und wird diesen Kreislauf jemals stoppen. Eine Goldgrube, an deren Plünderung Sie als Software-Entwickler tatkräftig mitwirken können.

Geldwerter Vorteil: Auch Sie können diese Symbiose nutzen, indem Ihr Programm z. B. nur mit bestimmten Grafikkarten oder Druckern läuft. Bestehen Sie schon beim Setup darauf, dass es sich nur mit Routern eines bestimmten Herstellers im Netzwerk installieren lässt. Verweigern Sie das Speichern der Daten, solange nicht eine bestimmte Festplatte eingebaut ist. Natürlich bieten Sie, welch ein Zufall, genau diese Produkte als Bundle an. Ein sicherer Nebenverdienst für Sie, ein Fass ohne Boden für Ihre Kunden.

3.2 Die gute alte Zeit

Ach ja, seufz! Damit wäre eigentlich alles gesagt. Aber wegen drei Worten ein eigenes Kapitel, das bringt's auch nicht, also hole ich etwas weiter aus.

Wenn wir nach vorne kommen wollen hilft oft ein kurzer Blick zurück. Ein Ausflug in die Vergangenheit schärft die Sinne für Gegenwart und Zukunft. Das lohnt selbst dann, wenn wir nur sehen, dass sich Geschichte wiederholt und die Menschen dieselben Fehler immer wieder neu machen. Lehnen Sie sich bitte für ein paar Absätze entspannt zurück, geniessen Sie die Zeitreise.

> **Denkvorlage:** Es war einmal, vor langer langer Zeit ... Wenn Sie jetzt eine Herde Dinosaurier vor Ihrem geistigen Auge sehen sind Sie etwas über das Ziel hinaus. Spulen Sie dann Ihre Gedanken wieder ein paar Jahre vor, etwa bis in die Zeit der ersten Heimcomputer und der Ping-Pong Telespiele.

Ich erinnere mich noch gut (und bis auf wenige Ausnahmen gern) an meinen ersten PC. Er hatte keine (ich wiederhole: k-e-i-n-e) Festplatte, aber dafür ein Laufwerk für 360 KB Disketten. Das waren immerhin satte 0,00036 Gigabyte. Darauf fanden damals ganze Office-Pakete Platz! Eine Textverarbeitung mit Adressdatenbank und einem kleinen Grafikprogramm auf nur *einer* Diskette.

Meine jüngeren Leser werden es kaum glauben, aber mit diesen Programmen konnte man prima arbeiten. Alles lief wunderbar und die Welt schien perfekt. Na schön, es gab nur wenig bunte Bilder, keine fliegenden Fenster und keine geschwätzigen Büroklammern. Und statt über 750 vielleicht nur drei bis fünf verschiedene Schriftarten, von denen bestenfalls zwei Umlaute enthielten. Aber ich wüsste nicht, dass ich je sprechende Büroklammern vermisst hätte ...

> **Seitenblick:** Die weichen 5,25" Disketten waren auch praktische Helfer im Haushalt. Man konnte seine Backups auch als Glasuntersetzer verwenden, damit Ritzen im Fensterrahmen verschliessen und im Sommer Fliegen töten. Aus und vorbei. Versuchen Sie mal mit einem USB-Stick Fliegen zu treffen!

Doch schon damals setzte sich die Aufrüstungs-Spirale in Gang. Erst musste ein zweites Diskettenlaufwerk her, denn nach dem ersten Update des Office-Programms passten Programm und Daten nicht mehr auf dieselbe Diskette. Zwei Updates später war die erste Festplatte fällig, damit man nicht ständig zwischen jetzt acht Disketten wechseln musste um einen Brief zu schreiben. Diese Harddisk war dick wie ein Lexikon und fasste gut 32 Megabyte, etwa das Zwanzigstel einer heutigen CD. Damals genug Platz für die Ewigkeit.

Richtig in Fahrt kam der ewige Aufrüstungs-Kreislauf mit einem Programm, das fensterln konnte. Dabei kam der Hersteller garnicht aus Bayern. Ab sofort ging ohne Festplatte garnichts mehr und Speicher hatte man auch nie genug.

Sie ahnen wie es weiter ging. Spätestens nach zwei weiteren Updates wurden die vormals ewig reichenden 32 MB der Festplatte zu klein. Die neue hatte schon 80 MB, darauf passten noch mehr Updates mit noch mehr Fenstern.

Jedes Update brachte viele neue Features, die bis dahin keiner kannte und eigentlich auch keiner brauchte. Aber plötzlich *wollten* alle dieses neue Zeug. Was beweist, dass schon damals Marketing-Abteilungen ein höheres Budget hatten als die Entwicklungs-Abteilungen. Dieser Grundsatz gilt bis heute.

Mach mal Pause: Glaubt man an das Gute im Menschen, so könnte ja auch die Welt-Gesundheits-Organisation WHO hinter all den Zwangspausen während der PC-Arbeit stecken. Pausen für die Erholung und Regeneration. Wir sollten alle dankbar dafür sein, dass System- und Programmstarts heute trotz zigmal schnellerer Festplatten genauso lange dauern wie vor 25 Jahren. Quälend lahme Software im Dienste der Gesundheit der Menschheit. Danke.

Das muss zu der Zeit gewesen sein, in der sich Orthopäden und Wirbelsäulen-Therapeuten in akuter Existenznot befanden. Als letzte Rettung und bevor ein ganzer Berufsstand vernichtet wird, hat man sich damals mit der IT-Industrie verbündet. Ergebnis der Kooperation war ein neues Eingabegerät: die Maus.

Schon kurze Zeit später schleppten sich die ersten geplagten PC-Anwender zu denselben Orthopäden und klagten über verspannte Nacken und Schultern. Heutzutage quellen die Wartezimmer über, die Reha-Zentren sind ausgebucht und die Behandlung chronischer Wirbelsäulen- und Haltungsschäden ist zu einem weltweiten Wachstumsmarkt mit Milliardenumsätzen geworden. Und was braucht man zur Verwaltung von Millionen Patienten? PCs und Software! Einfach genial, wie zwei so verschiedene Branchen voneinander profitieren.

Geldwerter Vorteil: Jeder Taxifahrer bekommt eine Provision, wenn er den Fahrgast nicht zu irgendeiner, sondern einer bestimmten Nachtbar fährt. Lernen Sie davon und nutzen Sie dasselbe Prinzip. Ihre Programme sind nur mit der Maus bedienbar. Jede Benutzung sorgt bei den Anwendern für eine unnatürliche Arm- und Schulterhaltung und für verspannte Nackenmuskeln. Dann empfehlen Sie in Ihrem Newsletter eine bestimmte Orthopädie-Praxis. So leicht verdient man sonst nur als Schlepper im Rotlicht-Milieu sein Geld.

Ein weiterer Punkt von früher ist aus heutiger Sicht fast schon unglaublich. Ein Update bedeutete damals nicht immer eine Änderung des Datenformats. Man installierte das Update und arbeitete danach einfach weiter. Wirklich!

Für die Anwender hatte das den grossen Vorteil, dass man mit Kollegen und Bekannten problemlos Daten austauschen konnte, obwohl man selbst oder der Tauschpartner eine ältere Programmversion hatte. Für die Software-Industrie hatte das den grossen Nachteil, dass man mit Kollegen und Bekannten Daten austauschen konnte, obwohl man selbst oder der Tauschpartner eine ältere Programmversion hatte. Für die Industrie war das ein unhaltbarer Zustand.

Ich will dem eigenen Kapitel über Updates nicht vorgreifen. Aber Sie wissen, dass es heutzutage normal ist, dass jedes Update auch die Daten in ein neues Format konvertiert. Daten verschiedener Versionen eines Programms können längst nicht mehr oder nur unter grössten Schwierigkeiten getauscht werden. Nur so kann gewährleistet werden, dass alle Anwender die Updates kaufen.

Ach ja, der Hauptspeicher. Mein erster PC hatte 512 KB RAM, also 0,5 MB. Die Erweiterung auf 640 KB war aber bald nötig, Software-Updates zwangen mich dazu. Immerhin reichte das für Betriebssystem, Programme und Daten.

Und heute? Nehmen Sie die sog. Mindestanforderungen auf der Verpackung mal fünf, dann wissen Sie was Sie brauchen, damit das Programm wenigstens bis zum ersten oder zweiten Update einigermassen läuft. Die Datei zu diesem Buch würde nicht mehr in den gesamten Hauptspeicher von damals passen.

☞ **Schlüssel zum Erfolg:** Es gibt erschreckend viele Anwender, die sich den Grundsatz *it's good enough* zu Eigen machen. Die glauben, ihr aktueller PC tut's noch eine Weile, obwohl er doch schon älter als drei Monate ist. Da ich selbst dazu gehöre kann ich Ihnen aus erster Hand und aus der Sicht eines Betroffenen verraten, wie Sie diese irrige Annahme zunichte machen.

Blähen Sie Ihr Programm auf so weit es nur irgend geht. Und darüber hinaus. Features die keiner braucht, die Einbindung nicht verwendeter Bibliotheken und das konsequente Ansammeln von kropfunnötigem Ballast sorgen dafür, dass Ihr Programm dem aktuellen Standard entspricht. Und Programme nach aktuellem Standard laufen eben nicht auf über drei Monate alten Oldtimern.

Die Betriebssystem-Hersteller helfen kräftig mit. Werkzeuge, mit denen Sie jedes schnelle Programm zur lahmen Kröte degradieren, die fünfmal so viel Speicher fressen als nötig, werden mit *Kaffeetassen* und *Punktnetzen* getarnt.

3.3 Stiftung Softwaretest

Die beste Methode, kropfunnötig Zeit, Geld und Nerven in die Entwicklung von Software zu stecken, ist das Programm vor der Auslieferung zu testen. Gehören Sie zu den 0,5% der Programmierer, die manchmal Fehler machen? Also warum sollten Sie sich über Mängel Ihrer Produkte Gedanken machen!? Lösen Sie es pragmatisch und politisch: was es nicht geben darf gibt es nicht.

↯ Merke: Was haben Software-Fehler mit Skiunfällen, Haare in der Nase, undichten Waschmaschinen und „vergessenen" GEZ-Anmeldungen gemein? Man hört ab und zu davon, aber sowas passiert immer nur *anderen*, Ihnen nie.

Wer ernsthaft fordert, Programme vor dem Einsatz zu prüfen, hat den Bezug zur Realität verloren. Welcher gestresste Programmierer hat denn dafür Zeit? Wie soll ein modernes und überaus komplexes Programm bezahlbar bleiben, wenn auch noch kostbare Zeit und Ressourcen für sinnlose Tests verbraten werden? Und überhaupt, zu was hat man denn seine zahlenden Kunden?

BlaBlaBla: Vermeiden Sie jede Diskussion zu diesem Thema. Es gibt immer wieder Gutmenschen und notorische Weltverbesserer, die Sie davon überzeugen wollen, Software vor dem Verkauf gut und ausführlich zu testen. Diese armen Seelen brauchen einfach ihr eigenes Geblubber zur Bestätigung ihres Egos. Manche Krankheiten sind eben trotz moderner Medizin unheilbar.

Aber bevor Sie sich jetzt entspannt zurücklehnen: ein wenig Engagement in die Erprobung Ihrer Software müssen Sie schon investieren. Dazu reicht es aber völlig, wenn Sie das Programm auf Ihrem eigenen Computer aufrufen. Startet es ohne Fehlermeldung, ohne das System zum Absturz zu bringen? Prima, Ihr Werk hat den Praxistest bestanden, es kann ausgeliefert werden.

Je bekannter Ihre Firma und Ihre Produkte sind, je mehr Kunden Sie haben, desto weniger wird man Sie mit unsinnigen Forderungen nach Kontrolle der Qualität konfrontieren. Das ist ein perfekter in sich geschlossener Kreislauf. Was viele nutzen muss gut sein. Und was so gut ist dass es viele benutzen muss fehlerfrei sein. Was keine Fehler hat wird häufig genutzt. Und was oft benutzt wird ist gut ... Sie kennen das sicher, eine klassische Endlosschleife.

🏆 Ruhm und Ehre: Wenn Sie erst einmal ein Monopol haben können Sie sowieso verkaufen was Sie wollen. Die Anwender sind Ihnen ausgeliefert, es gibt keine Alternative zu Ihren Produkten und Sie haben endlich Ihre Ruhe.

Zugegeben, eines ist dumm: jedes Programm hat Fehler. Einige mehr, andere viel mehr. Fehler, im englischen liebevoll *Bugs* (Käfer) genannt, gehören zur Software wie Ketchup zu Pommes, Pannen zum Auto und Lügen zur Politik.

Sie werden *nie* (ich wiederhole: *nie*) ein fehlerfreies Programm verkaufen. Eigene Fehler sind auch nicht alles. Kein Programm wird ganz von Ihnen allein entwickelt, es ist üblich, Module und Teile von anderen zuzukaufen. Diese fremden Bestandteile enthalten auch *alle* (ich wiederhole: *alle*) Fehler. Ebenso die internen Mechanismen des Betriebssystems, die Sie verwenden und die *alle* (ich schenke mir die Wiederholung) gespickt mit Fehlern sind.

☛ **Schlüssel zum Erfolg:** Seien Sie froh über diese auf den ersten Blick katastrophalen Zustände. Den Anwendern gegenüber haben Sie immer eine Ausrede, denn es sind immer die Fehler der *anderen*, die Probleme machen. Daher muss es zu Ihrer grundsätzlichen Strategie werden, Fehler sofort und konsequent auf andere zu schieben. Auf fremde Module und gekaufte Tools, auf Unverträglichkeiten des Systems, notfalls auf Ihre unfähigen Kollegen. Diese Strategie funktioniert bei 99% aller Kunden und bei 9,5% aller Chefs. Für die anderen 90,5% Chefs argumentieren Sie: *Die Anwender sind schuld!*

Apropos Anwender, das ist der Teil der Menschheit, der uns Entwicklern die Tests und Fehlersuche abnimmt. Man unterscheidet Alpha- und Beta-Tester.

Die *Alphas* sind die besonders naiven und einfältigen Anwender. Die wollen eine Software schon einsetzen, die noch nicht mal fehlerfrei kompilierbar ist. Marketing-Abteilungen nennen diese Kundengruppe auch *Early Adaptors*, weil sie jede Innovation sofort und um jeden Preis einsetzen wollen. Unter Programmierern heissen sie dagegen ganz profan einfach nur *Volldeppen*.

Die *Betas* sind der Rest. Sie setzen das inzwischen kompilierbare Programm im Alltag und unter realistischen Bedingungen ein. Nur durch diesen Einsatz in der Praxis finden sich die haarsträubenden Fehler und Unzulänglichkeiten. Zum Beheben fehlt den Entwicklern aber meist die Zeit, da sie bereits an der nächsten Version arbeiten. Also ist der Betatest der reguläre Betriebszustand. Die Tester werden offiziell nicht *Betatester* sondern *Stammkunden* genannt.

☂ **Bei Unwetter:** Sollte Ihre Software das Stadium des Beta-Tests jemals zu verlassen drohen müssen Sie die Weiterentwicklung umgehend einstellen. Es wäre ein Affront gegen Ihre Branche, ausgereifte Programme anzubieten. Als Nestbeschmutzer Ihrer Zunft wären Sie weltweit gemieden und gehasst.

Manchmal kommt es vor, dass sich Anwender an die Hersteller wenden und Fehler melden. Manche sind sogar so dreist und fordern auch eine Korrektur. Dabei müssen Fehler nur selten korrigiert werden. Es gibt fast immer bessere Lösungen als eine mit Arbeit für die Entwickler verbundene Überarbeitung.

Zum einen kann man Fehler *umgehen* und diese Aufgaben *anders* lösen. Oft bieten sich Taschenrechner oder Papier und Bleistift als einfache Abhilfe an. Seltener erfolgt der Einsatz von Programmen der Konkurrenz, denn die sind auch aus Software gemacht und damit genauso katastrophal und fehlerhaft.

Die zweite Strategie zielt darauf ab, den Fehler zu *vermeiden*. Am einfachsten geht das, wenn der Anwender die jeweilige Aufgabe erst *garnicht* durchführt. Zudem sind ein paar Monate Betriebsferien bis zum nächsten Update für viele Arbeitnehmer eine verlockende Alternative. Dass bis dahin ihre ganze Firma pleite ist mag ein Schönheitsfehler sein, aber nichts ist perfekt in dieser Welt.

💰 Geldwerter Vorteil: Versprechen Sie bei Updates, dass darin weniger Fehler enthalten sind als in der Vorversion. Die Anwender werden sich gern darauf stürzen. Dieses einfache Prinzip können Sie beliebig oft wiederholen. Zwischen zwei Updates bieten Sie bei Bedarf telefonische Unterstützung an. Sie wissen schon, wie bei *null-hundert-neunzig-und-sechsmal-die-sechs ...*

Aber ich muss schon sagen, in einem Punkt gebe ich jedem Anwender recht. Es ist der Standpunkt, dass Fehler, wenn sie schon nicht vermeidbar sind, so doch wenigstens intelligent abgefangen und damit gemildert werden sollten. Doch wie das zu erfolgen hat, da gehen die Meinungen wieder auseinander.

Anwender sind gemeinhin der Meinung, dass es Sache der Programmierer ist, potentielle Fehler zu erkennen und im Voraus zu verhindern. Nur, können Sie hellsehen? Wissen Sie heute, welche Bedienfehler Ihr Kunde morgen macht? Und daher ist es Sache der Marketing-Abteilung, Fehler abzumildern, indem sie per Pressemitteilung zur wesentlichen Produkteigenschaft erklärt werden.

🔑 Schlüssel zum Erfolg: Ein Kernsatz, den Programmierer bei jeder sich bietenden Gelegenheit auswendig ohne nachzudenken parat haben müssen: *It's no bug, it's a feature.* Oder etwas anders ausgedrückt: *It's so by design.* Übersetzt heisst das so viel wie *das ist kein verdammter Fehler, sondern ein verdammtes Feature. Das ist verdammt noch mal so gewollt, wann kapiert ihr dämlichen User das endlich und wie oft muss ich das eigentlich noch sagen?!*

Nehmen wir einmal den unwahrscheinlichen Fall an, dass die Software bei Ihnen vor der Auslieferung getestet wird. Das soll vorkommen. Ihnen ist hoffentlich aufgefallen, dass ich *bei* Ihnen schreibe und nicht *von* Ihnen. Schliesslich vergeuden Programmierer ihre kostbare Zeit nicht mit Tests.

Aber wer soll diese Aufgabe dann übernehmen? Ihre Mitarbeiter? Zu teuer. Ihre Putzfrau? Für Tests überqualifiziert. Ihre Oma? Kein Faible für Technik. Ein illegaler Einwanderer aus Asien? Zuviele arme Verwandte in der Heimat.

Keine Bange, dieses Buch hilft immer. Ob Sie es glauben oder nicht, es gibt eine einfache und ebenso effektive Möglichkeit, Software praxisgerecht zu testen, ohne dabei teure Ressourcen an Mitarbeitern oder Kapital zu binden.

Hot: Ich bin stolz darauf, Ihnen in meinem Ratgeber den ultimativen Software-Test vorstellen zu können. Dieses Testverfahren ist ebenso günstig wie simpel durchzuführen und wird Sie begeistern. Es ist der sog. *Katzentest!* Sie brauchen einen Computer, Ihr Programm und Ihre (oder Nachbars) Katze.

Die Software-Qualitätssicherung mit dem *Katzentest* funktioniert so:

- Starten Sie Ihr Programm.
- Setzen Sie die Katze auf die Tastatur.
- Warten Sie in aller Ruhe ab was passiert.
- Läuft Ihr Programm nach 10 Minuten noch?
    Ja: Glückwunsch, Ihre Software ist reif für den Markt.
    Nein: Tja, dumm gelaufen, bitte wiederholen Sie den Test.

Alle grossen Software-Konzerne verwenden ähnliche Testverfahren. Dabei gibt es lediglich in den Details einige regionale und kulturelle Unterschiede. So nutzen chinesische Firmen oft Ratten, Japaner schwören auf Kugelfische, während in den USA Hamster und junge Waschbären zum Einsatz kommen. Das Prinzip ist stets dasselbe, Hauptsache die Tester passen auf die Tastatur.

Szenen aus dem Software-Testcenter

3.4 Das erste mal

Vor die Anwendung einer Software haben die Götter die Installation gesetzt. Allein die Vorbereitungen der Setup-Assistenten dauern heute dreimal länger als früher die ganze Installation. Das hat seinen Grund, denn so sieht der neue Anwender, dass er für sein vieles Geld auch richtig viel Software bekommt.

> **Merke:** Je teurer ein Programm ist, desto länger dauert die Installation. Zu schnelle Setups führen nur zu verfrühter Enttäuschung der Anwender. Für Enttäuschungen ist noch Zeit genug, wenn das Programm erst benutzt wird.

Meine Leser die bereits in Rente sind erinnern sich bestimmt. Man legte eine Diskette ein, kopierte ein paar Dateien von Hand, fertig. Grosse Programme benötigten einen Disketten-Wechsel, aber das waren seltene Ausnahmen. Setup-Programme gab es noch nicht, zuwas auch, der *copy*-Befehl reichte.

Doch wie so viele absonderliche Dinge von früher, Hexenverbrennung und Ablasshandel zum Beispiel, gibt es das längst nicht mehr. Heute ist es viel komfortabler und besser. Dafür dauert es jetzt mindestens zwei Stunden.

Sie haben vermutlich schon viele Programme installiert, die folgenden Tips sind Ihnen in der einen oder anderen Form sicher bereits einmal begegnet. Aber nur mein Ratgeber bietet Ihnen alle Varianten in konzentrierter Form.

> **Denkvorlage:** Zehn Tips für effektvolle Installations-Programme.
>
> 1. Sie bestimmen Ziellaufwerk und -Verzeichnis, basta. Ihre Vorgabe ist vom Anwender nicht änderbar. Niemals. Mit der Installation Ihres Programms auf seinem PC gibt der Anwender die Macht über das Gerät an Sie ab. Auf ewig. Querulanten und Revoluzzer, die selbst bestimmen wollen wo eine Software installiert wird, gehören nicht an den Computer, sondern hinter Gittern.
>
> 2. Sehen Sie eine *Standard*- und eine *Profi*-Installation vor. Natürlich gibt es im Ergebnis keinen Unterschied, da beide Installationsarten fast dasselbe tun. Nur dass das *Profi*-Setup dank einiger Zeitschleifen dreimal länger dauert, während die *Standard*-Version Abfragen sicherheitshalber doppelt ausführt.
>
> 3. Eine Installation ist nur mit *allen* Admin-Rechten und mit Lesezugriff auf *alle* im Netz auffindbaren Datenträger möglich. So haben Sie *alle* Freiheiten, um auf dem Zielsystem ungestört *allen* Unfug anzurichten. Damit können Sie über *alles* bestimmen, vorallem auch über Dinge die Sie nichts angehen.

4. Zeigen Sie am Beginn und Ende eine ausführliche Lizenzvereinbarung. Führen Sie über mindestens 20 Seiten strenge und komplizierte juristische Formulierungen auf. Sparen Sie nicht mit der Androhung drastischer Strafen bei der kleinsten Zuwiderhandlung. Wählen Sie die Formulierungen so, dass Ihren Kunden bewusst wird, dass Sie sie sowieso für Raubkopierer und Schwerverbrecher halten, selbst wenn Ihr Produkt legal gekauft wurde.

5. Erzwingen Sie die Eingabe einer kryptischen Seriennummer. Diese steht natürlich nur auf dem Datenträger, von dem das Programm installiert wird. Sobald der Anwender den Datenträger entnimmt um die Seriennummer zu lesen verabschiedet sich der Installations-Prozess mit einer Fehlermeldung. Verwenden Sie dabei leicht zu verwechselnde Zeichen, z. B. *i* und *l* oder *O* und *0*, sowie Sonderzeichen und Symbole längst untergegangener Kulturen. Eine Seriennummer mit Leerzeichen drucken Sie in proportionaler Schrift, damit die genaue Anzahl der Leerzeichen bestenfalls zu erraten ist.

6. Achten Sie darauf, dass der Installationsvorgang durch belanglose Fragen und einige nichtssagende Meldungen nicht unbeaufsichtigt stattfinden kann. Der Anwender muss die ganze Zeit am PC bleiben und gefordert werden. Ihr glorreiches Produkt hat von Anfang an die volle Aufmerksamkeit verdient.

7. Ab einer gewissen Preisklasse ist es obligatorisch, ein Programm auf mehr als nur einem Datenträger auszuliefern. Verteilen Sie die zu installierenden Dateien so auf die einzelnen Medien, dass sie bei der Installation mehrmals gewechselt werden müssen. Der Anwender beschäftigt sich spielerisch mit dem Produkt. Das trägt nicht nur zu einem positiven Image Ihrer Firma bei, sondern stärkt auch noch die feinmotorischen Fähigkeiten Ihrer Zielgruppe.

8. Starten Sie den PC während der Installation mehrfach neu. Bei Installation auf einem Netzwerk-Server verdoppeln Sie die Anzahl zufälliger Neustarts. Ergänzend zu Punkt 7 achten Sie bitte darauf, dass nach jedem Neustart auch der Datenträger gewechselt werden muss. Geben Sie nicht immer an welcher Datenträger benötigt wird, das soll der Anwender ruhig selbst herausfinden.

9. Installieren Sie nur DLLs und Systemdateien die völlig veraltet sind. Das wird später bei Programmen anderer Hersteller sicher zu Problemen führen. Damit können Sie auch gleich der Konkurrenz kräftig eins auswischen.

10. Verteilen Sie Ihre Dateien nach dem Prinzip einer Pusteblume weit über das ganze System verstreut. Insbesondere in den vielen Verzeichnissen des Betriebssystems sollten Sie die Dateien ablegen. Moderne Systeme bieten dafür ein herrliches Labyrinth, in dem sich kein Anwender je zurechtfindet.

Jetzt bleibt noch die Frage nach Startmenü-Einträgen und Desktop-Symbolen zu klären. Manche verzichten ganz auf jede Möglichkeit, wie das Programm nach der Installation leicht gefunden und gestartet werden kann. Das hat zur Folge, dass es nicht benutzt wird, die ideale Einsatzform vieler Programme. Allerdings merkt dann auch niemand, wenn das Programm veraltet ist und darauf wartet, durch ein überteuertes Update aktualisiert zu werden.

Wenn Sie also nicht nur an Ihre Kunden, sondern vorallem an Ihren Umsatz denken, sollte das Programm gefunden und gestartet werden können. Dazu sind möglichst viele Einträge im Startmenü und mindestens ein dutzend fast gleicher Symbole auf dem sowieso überfüllten Desktop das beste Mittel. Je länger deren Texte sind, desto auffallender tritt Ihr Produkt in Erscheinung.

Binden Sie für Beschriftungen im Startmenü und auf dem Desktop auch die Versionsnummer ein. Das gewährleistet, dass bei Update-Installationen die alten Verknüpfungen erhalten bleiben. Die totale Verwirrung der Anwender durch viele Symbole ist nichts gegen die ebenso totale Präsenz Ihres Werks.

 Denkvorlage: Als Update zwei Tips für die Installation von Updates.

11. Achten Sie darauf, keinerlei Einstellungen und Konfigurationen der alten Version zu übernehmen. Die Anwender tun gut daran, die neue Version auch wieder von Grund auf neu auf ihre Bedürfnisse einzurichten. Das intensiviert die Auseinandersetzung der Benutzer mit der neuen Version.

12. Prüfen Sie, ob die neue Version in einem anderen Verzeichnis als die alte installiert wird. Das kann nur zwei Gründe haben: entweder Ihr Kunde ist ein böser Raubkopierer, aber das haben Sie ja schon immer gewusst. Oder seine Erfahrung mit Software im Allgemeinen und Ihren Produkten im Besonderen hat ihn vorsichtig werden lassen. Daher will er neue Versionen erst einmal in Ruhe prüfen, bevor er die alte und wenigstens einigermassen funktionierende Version überschreibt. Wie auch immer, beides ist höchst verwerflich und muss bestraft werden. Seien Sie konsequent, löschen Sie *beide* Versionen inkl. aller Daten des Kunden. Verbrecher gehören bestraft. Vorsichtige Anwender auch.

Schlüssel zum Erfolg: Der Grundsatz einer jeden Installation lautet: *Beim ersten mal klappt´s nie!* Oder anders gesagt: *Nur ein wiederholtes Setup ist ein gutes Setup!* Mal fehlt eine Datei, mal bricht das Setup einfach ab ohne zu sagen warum, mal fährt der PC still und leise runter und schaltet sich aus. Na beim zweiten Versuch wird´s dann schon klappen. Oder beim dritten ...

3.5 Alle Register ziehen

Nachdem Sie im letzten Kapitel gelernt haben, wie Sie das Vertrauen Ihrer Kunden durch eine fragwürdige Installation aufweichen, geht es nun noch darum, das angeknackste Vertrauensverhältnis nachhaltig zu erschüttern. Zum Beispiel durch den Zwang zur Online-Registrierung Ihrer Software.

Das Prinzip ist simpel, die Wirkung phänomenal. Ihr Programm läuft ohne Online-Registrierung nur mit starken Einschränkungen oder nur als Demo. Erst mit der Registrierung ist die volle Funktionalität tatsächlich nutzbar.

↳ Merke: Die Pflicht zur Registrierung gilt immer und ohne Ausnahmen. Lassen Sie sich nicht durch faule Ausreden wie *„Der PC ist nicht am Netz"* oder *„Aber Sie kennen uns doch, wir sind doch seit Jahren Ihr Stammkunde"* aus der Ruhe bringen. Auch jahrelange Stammkunden sind nichts anderes als potentielle Raubkopierer. Genau so und nicht anders werden sie behandelt.

Für den Ablauf der Registrierung gibt es prinzipiell zwei Möglichkeiten. Die eine erfolgt relativ einfach und automatisiert über das Internet. Dazu muss Ihr Kunde lediglich online sein. Beim ersten Start der neuen Software nimmt das Programm Kontakt mit Ihrem Server auf und überträgt eine Reihe von Daten.

Um das Vertrauen Ihrer Kunden in die Seriosität Ihrer Firma nicht zu sehr zu untergraben sollten Sie die übermittelten Daten auf ein Minimum begrenzen. Neben der Seriennummer Ihrer Software genügt es meist, alle anderen auf der Platte und im Netzwerk gefundenen Passwörter, Konto-, Kreditkarten- und Seriennummern zu übertragen. Nicht zu vergessen Dateien, deren Name so belanglose Begriffe wie *„intern"*, *„geheim"*, *„Plan"* und *„Bilanz"* enthält. Zuletzt noch die eMail-Wörterbücher, Bookmarks und den Browser-Cache.

↞ Praktische Lebenshilfe: Falls die Übertragung der Daten etwas länger dauert sollten Sie Hinweise wie *„Kostenloses Update wird übertragen"* oder *„Geduld, wir überspielen Ihnen eine kostenlose Erweiterung"* anzeigen. Das Schlüsselwort *„kostenlos"* sorgt dafür, dass Ihr Kunde das Denken einstellt und der eher fragwürdige Vorgang in einem sehr positiven Licht erscheint.

Zur Nutzung dieser Daten gibt es zahlreiche Möglichkeiten. Verkauf der eMail-Adressen an Spammer, die Lancierung sensibler Dokumente an die Presse oder eine klitzekleine Erpressung, wenn Sie nicht ganz jugendfreie Bilder im Browser-Cache finden. Weitere Anregungen erhalten Sie gern in Ihrem örtlichen Rotlichtviertel und auf gewissen osteuropäischen Websites.

Damit Sie sich nicht dem absurden Vorwurf einer Datenkrake aussetzen, ist auch eine alternative Registrierung nötig, beispielsweise über das Telefon. Natürlich geht es hierbei nur um den Anschein einer Alternative, die in der Praxis nur unter grössten Schwierigkeiten funktioniert, wenn überhaupt.

♪ Merke: Eine Alternative zur Online-Registrierung dient niemals dem Kunden, sondern allein der Ruhigstellung renitenter Verbraucherverbände.

Dieser Vorgang könnte wie folgt ablaufen: per Bandansage wird Ihr Kunde aufgefordert, die 30-stellige Seriennummer des Programms über die Tasten seines Telefons einzugeben. Selbstverständlich wird es eine andere Nummer sein als die 25-stellige Nummer, die er bei der Installation eintippen musste.

Lassen Sie den Kunden im Unklaren, wo er diese 30-stellige Nummer findet. Dezente Hinweise wie *„die im Programm angezeigte Nummer"* genügen. Auch das sorgt für eine intensive Auseinandersetzung mit Ihrem Produkt.

Wird Ihr Kunde dann endlich fündig, stösst er auf eine 32-stellige Nummer. Lassen Sie ihn herausfinden, ob die zwei ersten oder die zwei letzten Zahlen wegzulassen sind. 30 Ziffern sind ja schnell getippt, und wem das zu lange dauert hat jederzeit die Möglichkeit der bequemen Online-Registrierung ...

🔨 Praktische Lebenshilfe: Auch Buchstaben können in der abgefragten Zeichenfolge vorkommen. Immerhin hat heute jeder zweite ein Telefon mit Buchstaben auf den Zifferntasten, so dass allenfalls die Hälfte Ihrer Kunden vor einem Problem steht. Aber auch die modern ausgestattete Hälfte können Sie vor den Kopf stossen, indem Sie Sonderzeichen und Umlaute verwenden.

Sollte es trotz dieser Hürden einmal ein Kunde geschafft haben, die Nummer korrekt am Telefon einzugeben, wird das perfide Spiel rückwärts gespielt. Eine kaum verständliche Computerstimme mit vermutlich vietnamesischem Akzent betet eine 35-stellige Ziffernfolge herunter. Die muss der Anwender im Programm eingeben. Natürlich an anderer Stelle als dort wo er eben die Seriennummer abgelesen hat. Ausserdem ist das Eingabefeld nur 32-stellig.

💰 Geldwerter Vorteil: Selbstverständlich nutzen Sie für die telefonische Registrierung nur spezielle Telefonnummern mit ebenso speziellen Tarifen. Vorwahlen wie 0190 oder 0900 und Gebühren ab 49,99 pro halber Minute sind hierfür geradezu ideal. Zumal sie den meisten Anwendern sowieso aus dem Nachtprogramm einschlägiger Unterschichten-Sender geläufig sind.

3.6 Kondome schützen

Tia, schön und gut, aber wie schützen Sie Ihre Software vor Raubkopierern? Vor den Schwerverbrechern (also vor Ihren Kunden), die Ihre überteuerten Produkte einfach kopieren und Sie um Ihre verdienten Millionen bringen?

Die Idee, ein Kondom über die ausgelieferte DVD zu ziehen, ist naheliegend. Aber nur etwa so wirkungsvoll wie ein fester Glaube und ein frommes Gebet statt eines Kondoms über spezielle Körperteile in speziellen Lebenslagen.

Doch ein funktionierender Kopierschutz ist elementar. Es gilt eine sichere Methode zu finden, die erstens Ihr geistiges Eigentum schützt und zweitens ehrliche Anwender nicht behindert. Da sich kein Software-Hersteller dieser Welt um den zweiten Punkt kümmert konzentrieren wir uns auf Punkt eins.

> **Seitenblick:** Dass aus Sicht ehrlicher Anwender jeder Kopierschutz ein Ärgernis ist, der die Benutzung des Programms nur behindert, kann und muss Ihnen egal sein. Als Entwickler haben Sie schon genug zu tun, da können Sie nicht auch noch die Welt aus den Augen Ihrer zahlenden Kunden betrachten.

Ob ein Schutz nötig ist hängt nicht nur von der Qualität Ihres Programms ab, sondern auch davon, wieviel Sie in seine Entwicklung investiert haben und wieviel Sie verdienen wollen. Wie sich Ihre Gewinnmaximierung berechnet.

Anders gesagt, je ärmer Sie sind, je mehr Sie auf den Verkauf Ihrer Software angewiesen sind, desto wichtiger ist der Kopierschutz. Und je reicher Sie sind, desto wichtiger ist es, den Reichtum durch Schutzmassnahmen zu verteidigen. Egal wie Ihre finanzielle Lage ist, sie ist ein Argument *für* den Kopierschutz.

> **Ruhm und Ehre:** Ein Kopierschutz wertet ein Programm in den Augen von Presse und Öffentlichkeit auf. Je umfangreicher der Schutz ausfällt, desto wertvoller muss zwangsläufig das zu schützende Gut sein. Das ist im wahren Leben auch nicht anders, die grössten Nieten haben die meisten Leibwächter. Ein aufwändiger Kopierschutz mehrt Ihren Ruhm und Ihr Ansehen mehr als hilfreiche Programmfunktionen, die doch höchstens den Anwendern nutzen.

Dass nahezu jeder Kopierschutz mit etwas technischem KnowHow und einer gewissen kriminellen Energie zu überwinden ist, mag zwar ein stichhaltiges Argument gegen jeden Schutz sein. Aber auf Basis rationaler und logischer Argumente wurde in dieser Branche noch nie eine Entscheidung getroffen.

Doch wie gehen Sie praktisch vor? Tricks mit defekten Medien sind beliebt. Früher wurden Disketten verwendet, bei denen einige Sektoren defekt waren. Damit kamen auch tatsächlich ca. 10% aller Kopierprogramme nicht zurecht.

Heute werden CDs und DVDs gleich im Presswerk mit defekten Bereichen hergestellt, aber das müssen Sie sich erst einmal leisten können. Wenn Ihre Produktion anfangs noch in Heimarbeit abläuft genügt aber auch eine Nadel. Stossen Sie in jede CD vor der Auslieferung kleine Löcher oder kratzen Sie Ihr Firmenlogo oder Ihre Initialen in die Datenschicht, das wirkt Wunder.

> ✒ **Hot:** Noch effektiver als gezielt zerstörte Datenträger sind *leere* Medien. Was es nicht gibt kann nicht kopiert werden. So einfach kann das Leben sein. Heutzutage werden viele Programme gekauft und verstauben ohne installiert zu werden im Regal. Die Reklamationen werden somit überschaubar bleiben. Für Käufer die es trotzdem bemerken haben Sie ja noch die verkratzten CDs.

Oder wie wäre es mit einem Dongle? Das ist ein unscheinbarer Stecker, der wichtige Anschlüsse des PCs belegt und die Nutzung von Zubehör behindert. Nebenbei dient er noch als Kopierschutz für Software. Früher als Stecker für die serielle oder parallele Schnittstelle, womit sich dann oft auch gleich der Anschluss eines Modems oder eines Druckers am selben PC erledigt hatte.

Heute gibt es USB-Dongles. Die sind klein, man kann sie bequem überall hin mitnehmen und leicht verlieren. Wenn andere USB-Geräte damit nicht mehr funktionieren ist das weder Ihre Schuld noch Ihr Problem. Auch nicht die des Dongle-Herstellers. Nein, es ist wie immer allein die Schuld des Anwenders. Warum musste er auch gerade diesen PC mit dieser Ausstattung kaufen, wo doch jeder weiss, dass es gerade mit dieser Kombination nur Probleme gibt. Dass das Gesagte für *jede* Kombination gilt ist hier nicht weiter von Belang.

> ⛏ **Insider-Wissen:** Man muss schon ein paar Jahrzehnte in dieser Branche tätig sein um es zu erkennen. Nein, nicht dass eine gewisse Kombination von Hard- und Software nicht richtig zusammen funktioniert. Das sind *Einzelfälle*. Sondern dass jeder einzelne Anwender eben so ein individueller *Einzelfall* ist. Und dass all die Probleme, die in der Boulevardpresse gern hochgeschaukelt werden, doch nichts anderes sind als Millionen sehr bedauerlicher *Einzelfälle*.

> 💰 **Geldwerter Vorteil:** Da ein Dongle schon mal verloren geht bietet sich ein lukrativer Zusatzverdienst an. Ersatz nur gegen Neupreis der Software! Ihre schusseligen Raubkopierer-Kunden haben es nicht anders verdient.

Als dritte Variante gibt es die Möglichkeit, dass beim Start der Software der *originale* Datenträger unüberhörbar im Billig-Laufwerk seine Runden dreht. Tut er es nicht startet das Programm nicht. Tut er es startet die Software auch nicht, da das Laufwerk vom Dauerbetrieb überhitzt ist und Lesefehler hat.

Damit fördern Sie auch die Beweglichkeit und die Gesundheit Ihrer Kunden. Viele arbeiten ja dummerweise nicht nur mit einem Programm. Der ständige CD-Wechsel bietet Abwechslung und Bewegung, stärkt Herz und Kreislauf.

BlaBlaBla: Es ist ein altes und hartnäckiges Gerücht unter Anwendern. Preisgünstige, aber dennoch ausgereifte und fehlerfreie Programme, eine gute Dokumentation und bei Bedarf schnelle Unterstützung vom Hersteller sei der beste Schutz vor illegaler Nutzung. Aber wie gesagt, es ist nur ein Gerücht ...

Alle bisher genannten Punkte sind aber genau genommen Relikte vergangener Jahrhunderte und verschwinden vermutlich schon bald komplett vom Markt. Denn es wurde ein neues, sicheres und absolut geniales Konzept entwickelt.

Erneut waren die ganz Grossen der Branche die Vorreiter. Sie haben das neue System durchgesetzt, wenn auch anfangs begleitet vom üblichen Murren der Anwender und der Fachpresse. Aber Kritiker verstummen erfahrungsgemäss schnell wieder, wenn sich der Software-Anbieter nur lange genug stur stellt. Das konsequente Ignorieren jeder vernünftigen Kritik und stattdessen stures Aussitzen bis die Kritiker müde sind ist nicht nur in der Politik erfolgreich.

Sie ahnen sicher schon von was hier die Rede ist. Es geht um die *Aktivierung*. Auf den ersten Blick nur die Eingabe der Lizenznummer, in Wirklichkeit ein perfides Mittel zur absoluten Macht über alle PCs und Anwender dieser Welt.

Getarnt wird es in den meisten Fällen als simple *Registrierung* der Software. Um dem gerecht zu werden habe ich die Erklärungen dazu ebenfalls getarnt. Sie haben es schon gelesen! Haben Sie es gemerkt? Nein? Da sehen Sie, wie perfekt unsere Branche inzwischen im Tarnen und Täuschen geworden ist.

Praktische Lebenshilfe: Um alles wichtige über Software-Aktivierung zu erfahren führen Sie bitte die folgenden Anweisungen nacheinander aus:

```
GoToKapitel ( "Alle Register ziehen" )
replace all "Registrierung" with "Aktivierung"
ReadText()
ComeBack()
continue
```

3.7 Stets zu Diensten

Jedes Programm hat seine eigene Philosophie. Häufig spiegelt sich darin die Wesensart seiner Entwickler, ja oft sogar deren gesamtes Weltbild wieder. Dass diese Philosophie mit den Wünschen und Erwartungen der Anwender etwa so viel gemein hat wie ein Lagerfeuer mit einem Atomreaktor, nun ja.

> **Merke:** Programmierer sehen die Welt mit ihren Augen. Benutzer auch. Mitunter sehen dabei sogar beide dasselbe, nehmen aber dennoch zwei völlig verschiedene Dinge wahr. Etwa wie bei einem Gärtner und einem Holzfäller. Beide sehen einen Baum, der eine will ihn giessen, der andere fällen.

Bleiben wir noch kurz bei obigem Beispiel. Wer wird sich wohl durchsetzen, Gärtner oder Holzfäller? Welche Waffe ist stärker, Giesskanne oder Axt? Natürlich die Axt! Und Sie als Holzfäller, äh Entwickler, haben die Axt!

Grundsatz-Entscheidung: Holzfäller oder Gärtner

So wie ein Holzfäller mit Säge und Axt den Wald mit roher Gewalt gestaltet, formen Sie mit Ihrer Software den Arbeitsalltag Ihrer Kunden. Ihre Software schlägt Lücken in jeden vernünftigen Arbeitsablauf, fällt stabile Stützen im Alltag Ihrer Kunden und hinterlässt nicht selten einen Pfad der Verwüstung. Scharfkantig brechen Sie jeden Ansatz von Vernunft. Auch die Bedienung erinnert stark an die eher grobmotorischen Werkzeuge von Waldarbeitern. Womit wir beim Schlüsselwort dieses Kapitels angelangt sind, dem *dienen*.

> **Bei Unwetter:** Manchmal gibt es aufmüpfige Querulanten. Kranke und fehlgeleitete Wesen, die sich tatsächlich einbilden, Software hätte sich nach *ihnen* zu richten, müsste tun was *sie* wollen. Sie wissen längst, wie lächerlich und naiv diese Vorstellung ist. Sie werden aber auch merken, wie hartnäckig sich diese Einstellung in einigen Köpfen hält. Mein Buch wird Ihnen helfen, die Probleme zu lösen und den letzten Widerstand Ihrer Kunden zu brechen. Kaufen Sie sich dazu am besten mehrere Ausgaben, damit Sie immer und überall eines parat haben, am Arbeitsplatz, im Auto, unterm Kopfkissen ...

Manchmal ist es Unerfahrenheit, die diese irrationale Erwartungshaltung im Benutzer weckt. Hier gilt es, dieses arme Häuflein Mensch an die Hand zu nehmen und sanft aber bestimmt in das von Ihnen bestimmte Ziel zu führen.

Inspiration lieferten die peitschenden und in die Luft feuernden *Viehtreiber* der Italo-Western. Daraus wurden in der Software-Welt die *Benutzertreiber*.

Natürlich wird die Bezeichnung *Benutzertreiber* nur unter Insidern benutzt. Nach aussen und um die Kunden nicht vorzuwarnen, hat man zusammen mit Psychologen und Verhaltensforschern eine harmlose Formulierung gefunden. Seitdem sind sogenannte *Assistenten* Bestandteil jeder modernen Software. Mit ihnen wird die Herde unerfahrener, ängstlicher, oftmals auch störrischer Anwender von der Wildnis ins sichere Gatter getrieben und gebrandmarkt.

Im Notfall: Wie im Wilden Westen gibt es leider auch hier Situationen, in denen Anwender aus der kopflos rennenden Herde ausbrechen und abseits vorbestimmter Pfade ihr Glück suchen. Aber seien wir mal ehrlich, das macht das Leben von Cowboys und Programmierern erst lebendig und interessant. Posträuber, Skalpjäger und andere Halunken streunen stets durch die Steppe. Verirrte und geschwächte Tiere werden von ihnen gefangen und gebrutzelt. In der IT übernehmen willkürliche Abstürze, von unheimlichen Geräuschen begleitete Fehlermeldungen und geisterhaft sprechende Büroklammern diese wichtige Aufgabe. Sie lauern den verirrten Seelen auf, führen sie zurück auf den Pfad der Tugend oder treiben sie notfalls auch in den ewigen Wahnsinn.

Es braucht Sie nicht stören, dass Sie von der Branche und dem Arbeitsalltag Ihrer Kunden nicht das Geringste wissen. Im Gegenteil, das lenkt nur unnötig von Ihrer Arbeit ab. Ein Cowboy muss auch kein Gras fressen um zu wissen wie er mit dem Vieh umgeht. Die Herde folgt auch so blind und gedankenlos. Sollte das bei Ihnen jemals auch nur kurz anders sein haben Sie etwas falsch gemacht. Dann lesen Sie dieses Buch bitte nochmals von vorn. Hilft das noch immer nichts kommt wohl nur eine Umschulung zum Gärtner in Frage, denn dann können Sie mit Giesskannen vermutlich besser umgehen als mit Äxten.

Ruhm und Ehre: Ihr Ziel sollte es sein, Ihre eigenen Vorstellungen wie etwas gemacht wird zum weltweiten Standard zu erklären. Ihre Kundenherde wird Ihnen ergeben überall hin folgen, ob auf die saftige Weide, in den Sumpf oder zum Schlachthof. Widersacher lassen Sie dank exzellenter Kontakte zur Presse und Justiz an den Pranger stellen oder mundtot machen. Konkurrenten treiben Sie in den Ruin oder kaufen sie auf. Oder beides, wobei Sie bitte auf die Reihenfolge achten, da ein vorheriger Ruin den Kauf wesentlich verbilligt.

Auf Details werde ich zu gegebener Zeit noch eingehen. Hier geht es mir nur darum, Ihnen die grundsätzlichen Vorgehensweisen und Verhaltensregeln zu zeigen. Anwender brauchen Führung und Erziehung. Software bietet beides.

Seien Sie Ihrer Konkurrenz auch hierbei immer einen Schritt voraus. Gehen Sie den berühmten einen Schritt weiter. Oder zu weit, ganz nach Sichtweise. Lassen Sie Ihrer Phantasie freien Lauf und seien Sie keinesfalls zimperlich.

Sprechende Büroklammern sind doch ein alter Hut. Aber kettenschwingende Skelette, Fehlermeldungen mit grinsenden Totenköpfen, sowie Schreie und Maschinengewehr-Salven bei Falscheingaben sind dagegen ziemlich selten. Setzen Sie ruhig neue Akzente in der Benutzerführung und -Erziehung.

> 🏴 **Praktische Lebenshilfe:** Peitschenhiebe aus dem Lautsprecher, sobald mehr als 20 Sekunden keine Taste gedrückt wurde oder die Maus zu langsam bewegt wird, sind ein gutes Antriebsmittel für Ihr Vieh, äh, für Ihre Kunden. Auch eher alltägliche Geräusche wie quietschende Reifen einer Notbremsung beim Beenden des Programms, wahlweise mit und ohne Crash, sowie eine Toilettenspülung beim Speichern von Daten sind sicher sehr wirkungsvoll.

Da wir gerade bei der Bedienung von Software sind muss ich Sie leider noch mit etwas Unangenehmen konfrontieren. Keine Angst, es tut nicht weh.

Es gibt einen Begriff, der sich anhört wie eine qualvolle unheilbare Krankheit. Er reiht sich nahtlos ein in die Liste ähnlich abscheulicher Worte wie Phobie, Blasphemie und Sodomie. Ahnen Sie es schon? Die Rede ist von *Ergonomie.*

Wenn Sie den Begriff kennen, werden Sie sich allein beim Gedanken daran vor Abscheu und Ekel schütteln. Pfui Teufel! Damit dieser Ratgeber nicht indiziert und nur ab 22 Uhr in einsamen Gassen hinterm Bahnhof verkauft wird müssen wir diesen dunklen Bereich menschlicher Abgründe schnell wieder verlassen. Ich werde dieses Wort nie mehr erwähnen, versprochen.

> 👁 **Seitenblick:** Gerüchten zufolge ist ~~ergo~~... (zensiert) Software ein Opfer des Kalten Kriegs. Ziel war es, den Gegner durch als Programmierer getarnte Agenten zu unterwandern und mittels komplizierter und unlogischer Software seine gesamte Wirtschaft lahmzulegen. Zwar ist heute nicht mehr feststellbar wer damit begonnen hat, aber diese Strategie war weltweit sehr erfolgreich. Viele der Entwickler sind als Doppelagenten bis heute in der Branche tätig. Das erklärt, warum derart ~~unergo~~... (sogar in der Negierung zensiert) und so haarsträubend zu bedienende Programme zum weltweiten Standard wurden.

Nun ein paar praktische Beispiele, wie Sie Ihre Programme so gestalten, dass haarsträubende Bedienung garantiert ist. Das geht ganz einfach, Sie müssen lediglich Vernunft und Logik ab- und Ihr Hirn dafür auf Standby schalten. Dabei sind es oft unscheinbare Kleinigkeiten, die grosse Wirkung erzielen.

Denkvorlage: Zehn hirnlose Bedienkonzepte, mit denen Ihre Software bei jedem Einsatz für neuen Frust und Ärger unter den Anwendern sorgt.

1. Verwenden Sie ein Startbild, das grosse Teile des Bildschirms verdeckt und vom Anwender weder geschlossen noch abgeschaltet werden kann.

2. Legen Sie gegensätzliche Funktionen auf direkt beieinander liegende Tasten. Häufige Fehlbedienung wird damit bequem und einfach gemacht.

3. Platzieren Sie Aufrufe für *Duplizieren* und *Ändern* nebeneinander. So stellen Sie sicher, das regelmässig ungewollt Daten überschrieben werden.

4. Verzieren Sie Meldungen zur korrekten Ausführung einer Aktion mit abschreckenden und sonst für Fehlermeldungen verwendeten Symbolen.

5. Wenn Sie in verschiedenen Programmbereichen Zeiträume erfassen, so geschieht dies abwechselnd mal als *von... bis...* und mal als *bis... von...*

6. Adressdaten sollten nie in logischer und gewohnter Reihenfolge erfasst werden. Auch Bankdaten eignen sich für unlogische Abfolge der Eingabe.

7. Verwenden Sie für wichtige Daten Dateiendungen, die den Endungen häufig gelöschter Dateien wie *.tmp* oder *.bak* zum Verwechseln ähnlich sind.

8. Gerade das Löschen von Daten sollte möglichst einfach und logisch sein: erst werden die zu löschenden Daten markiert, dann auf *Speichern* geklickt.

9. Soll etwas aus einer Liste ausgewählt werden und enthält diese Liste nur einen Eintrag, darf Ihr Programm den einen Eintrag nie automatisch wählen.

10. Lassen Sie Anwender auch einfachste Aktionen ausdrücklich bestätigen. Auch für die bereits erläuterte Schuldfrage ist das ein sehr wichtiger Punkt.

[Geständnis: obige Punkte sind Plagiate. Nichts davon ist wirklich neu, alles erlebe ich in häufig benutzten Programmen grosser bekannter Hersteller.]

Sie dürfen gern Ihre eigenen Ideen für Psychoterror gegen zahlende Kunden umsetzen. Gelegenheiten gibt es genug, und wenn Ihnen gerade mal nichts einfällt finden Sie neue Inspiration beim Software-Händler um die Ecke.

Anwender bedienen Software

3.8 Helfende Hände

Steuern, Besuche bei den Schwiegereltern, Dokumentationen für Software, alles unnötig wie ein Kropf. Und doch zwingt man Sie immer wieder dazu. Zwecklos sich dagegen zu wehren, also brauchen Sie erneut eine Strategie.

Das frustrierende an Software-Beschreibungen ist, dass Sie von vornherein wissen, dass Ihre Arbeit völlig umsonst ist. Kaum ein Anwender wird es je lesen. Sie zweifeln? Überlegen Sie bitte kurz: haben Sie selbst schon jemals die Beschreibung eines der von Ihnen benutzten Programme gelesen? Aha.

👁 **Seitenblick:** Programm-Beschreibungen sind wie Ladenöffnungszeiten nach Mitternacht. Alle wollen sie, und gibt es sie dann nutzt sie doch keiner.

Nach meiner Erfahrung sind es nur 5% der Anwender, die Beschreibungen eines Programms lesen. Davon wiederum sind es ebenfalls nur 5%, die das Gelesene auch verstehen und so einen tatsächlichen Nutzen daraus ziehen. Innerhalb dieser verschwindend kleinen Randgruppe haben wieder nur 5% eine Software-Version, deren Funktion mit der Beschreibung übereinstimmt.

Daraus können Sie sehen, dass gerade mal für 0,0125% der Anwender eine Programm-Dokumentation auch einen realen und praktischen Wert darstellt. Dennoch fordern 105% der Anwender eine umfangreiche und vollständige Beschreibung (die Zahl enthält leichte Software-bedingte Rundungsfehler). Allein daran erkennen Sie, wie weltfremd viele Anwender heutzutage sind.

Was lernen Sie aus meiner Statistik? Erstens, dass der Mob sehr mächtig ist und Sie um eine Beschreibung Ihrer Innovation leider nicht herumkommen. Zweitens, dass Inhalt, Genauigkeit und Vollständigkeit gleichgültig sind. Es genügt, *irgendeine* Beschreibung zu haben, die Qualität ist irrelevant.

Die technische Plattform der Dokumentation ist schnell geklärt. Auf Papier gibt es grundsätzlich nichts. Das einzige, das Ihrer Software gedruckt beiliegt, ist der obligatorische Service- und Wartungsvertrag mit zehn Jahren Laufzeit, und die Einzugsermächtigung der dazu monatlich im Voraus fälligen Gebühr.

🗣 **BlaBlaBla:** Unrealistische Forderungen nach gedruckten Handbüchern kontern Sie mit gängigen, politisch und ökologisch korrekten Argumenten. Begriffe wie Nachhaltigkeit, schonender Umgang mit Ressourcen und einer auch für unsere Kinder und Enkel noch lebenswerten Umwelt wirken immer. Das gibt Ihnen eine gute Presse und stellt Handbuch-Fundamentalisten kalt.

Nachdem Sie sich also im Sinne der Umwelt und zur Erhaltung von Flora und Fauna für eine eher virtuelle Dokumentation entschieden haben, gilt es deren Datenformat festzulegen. Schnell, einfach und umsonst sollte es schon sein.

Im Idealfall gibt es kostenlose Anzeigeprogramme, die sich jeder Anwender selbst besorgen kann (und muss), dann haben Sie wieder eine Sorge weniger.

♣ **Insider-Wissen:** Akrobaten eines amerikanischen Wanderzirkus haben einmal etwas in dieser Art entwickelt. Zumindest deutet der Name auf diesen Ursprung hin. Mehr Details sind nicht überliefert. Vielleicht hatte ihr Netz zu viele Lücken und diese Gefahren zwangen sie zu einem Wechsel der Branche.

HTML wäre auch eine überlegenswerte Plattform. Allerdings müssten Sie die Syntax und Feinheiten dieses Formats dann auch lernen. Ein bischen viel, wo Sie doch schon extra eine Programmiersprache gelernt haben. Verzetteln Sie sich nicht, sonst besteht Gefahr Syntax und Sprachelemente zu verwechseln.

Sie wissen auch nicht, ob ein heute weltweit bekanntes Format künftig noch verwendet wird. Diese Unsicherheit würde die ganze Zeit auf Ihnen lasten. Eines fernen Tages, nächstes oder übernächstes Jahr, wird HTML vielleicht von einem viel besseren, komplexeren und langsameren Nachfolger abgelöst. Dann stehen Sie am Anfang und schreiben Ihre Dokumentation wieder neu, statt die wohlverdienten Früchte Ihrer Arbeit auf Ihrer Yacht zu geniessen.

Vergessen Sie daher alle neumodischen Formate, setzen Sie auf Bewährtes. Auf Text, simplen rohen Text. Einfache Dateien, keine Formatierung, ohne grafische Elemente und ohne solch albernen Schnickschnack wie Umlaute. Das ist schnell runtergeschrieben, kann mit jedem Billig-Textprogramm als Datei gespeichert und von den Benutzern sehr einfach angezeigt werden.

Früher als *ASCII-Format* bekannt, sagt man heute einfacher *Nur Text* dazu. Ein Datenformat mit weit mehr als 25 Jahren auf dem Buckel kann gefahrlos für jede Art von Beschreibung verwendet werden. Es hat sich bewährt und wird vermutlich auch noch die Zeit bis zu Ihrer Rente irgendwie überleben.

💰 **Geldwerter Vorteil:** Reiner Text hat den grossen Vorteil, dass er auch als *hörbare* Dokumentation angeboten werden kann. Sie zeichnen es einmal auf und stellen es über die mehrfach erwähnten Mehrwert-Vorwahlen bereit. Bei entsprechender Nachfrage ist auch eine Verwertung auf dem boomenden Markt für Hörbücher denkbar. Als Genre eignen sich Ratgeber und Horror.

Es gibt auch Argumente, Abbildungen in der Dokumentation zu verwenden. Sogenannte *Screen-Shots*, originale Bildschirm-Wiedergaben der Software.

Nein, nicht damit die Beschreibung für die Anwender verständlicher wird, solche abwegigen Gedanken lassen Sie bitte sofort wieder fallen. Seit wann denkt und handelt denn ein Programmierer im Sinne der Anwender, ts ts ts.

Doch es gibt einen anderen Grund, warum Sie zumindest überlegen können, auch ein paar der bunten Bildchen mit in die Dokumentation aufzunehmen. Und das obwohl dann das Textformat nicht mehr ganz so gut geeignet ist.

Bilder sind ein ideales Füllmittel, um jede noch so dürftige Dokumentation aufzublähen und professionell erscheinen zu lassen. Bilder sagen nicht nur mehr als tausend Worte, sie belegen auch tausend mal so viel Speicherplatz. Masse schafft Klasse. Sie kennen diesen Effekt von dicken Geländewagen, grossen Villen und stark übergewichtigen Politikern. Sowas wirkt überall.

Schlüssel zum Erfolg: Diese Bilder haben noch einen weiteren Vorteil. An ihnen sieht der Benutzer, wie das Programm funktionieren *könnte*. Wenn er denn mal so weit käme und wenn es nicht ständig vorher abstürzen würde. Er wird neugierig und seine meist schon latent vorhandene Sehnsucht nach dem nächsten Update wird auf subtile Art und Weise verstärkt. Benutzen Sie die Onlinehilfe daher als Medium für Ihre Botschaft und um Ihre Kunden auf das nächste Update scharf zu machen. Der Fachbegriff dafür heisst *anfixen*.

Anwender erwarten Hilfe   ...   oder greifen zur Selbsthilfe

Ruhm und Ehre: Vermarkten Sie die Dokumentation als Werbefläche! Passend zum Programm und zur Zielgruppe bilden grossformatige Anzeigen, Werbebanner und Links zu Internet-Shops den Schwerpunkt der Onlinehilfe. Sie verdienen an der Provision, und wenn Sie jetzt ganz schnell sind und sich diese Weltidee heute noch weltweit patentieren lassen haben Sie ausgesorgt.

Beachten Sie bitte einen wichtigen Grundsatz der Software-Dokumentation. Was auch immer dort geschrieben steht, es darf nie dazu führen, dass Fragen der Anwender beantwortet und Probleme auch nur ansatzweise gelöst werden. Wäre dem so bräuchte ja niemand mehr die kostenpflichtige Hotline anrufen.

> **Merke:** Komfort-Funktionen wie Suche oder Stichwortlisten sind tabu. Ebenso die Auflistung häufig gestellter Fragen mit den Antworten. Eine Liste der Fragen ohne Antworten ist dagegen sinnvoll. Sie regen die Anwender zu neuen Problemstellungen an und fördern die Benutzung Ihrer 0900-Hotline.

Eine kontext-sensitive Hilfe verbietet sich von selbst. Damit wäre Ihr Kunde viel zu schnell auf der zum aktuellen Programmpunkt gehörenden Hilfeseite. Denken Sie an die erwähnten Werbebanner und daran, dass kein Supermarkt die am häufigsten benötigten Artikel direkt am Eingang platziert. Wenn es in Ihrem Programm unbedingt *Hilfe*-Buttons in den einzelnen Bereichen und in Dialogen geben soll, dann sollten sie grundsätzlich immer deaktiviert sein.

Zur weiteren Verwirrung der Anwender hat es sich bewährt, die Funktionen und Menüpunkte in der Dokumentation anders zu nennen als im Programm. Zugleich sparen Sie damit bei Updates die Anpassung der Beschreibung, denn was von Anfang an falsch ist braucht auch nicht gepflegt werden.

Mindestens genauso wichtig ist es, an all den Stellen die erfahrungsgemäss besonders häufig aufgerufen werden, auf fremde Dokumente zu verweisen. Sätze wie *Weitere Informationen enthält die Beschreibung Ihres Computers* oder *Details dazu entnehmen Sie bitte der Erklärung Ihres Betriebssystems* sind üblich und gehören zu den wichtigsten Floskeln einer Dokumentation.

Zugleich praktizieren Sie mit diesen Formulierungen etwas, ohne das Sie in der Branche nicht überleben können. Durchreichen der Verantwortung und Abschieben von Schuld an welchen Fehlern auch immer an *andere*.

> **Mach mal Pause:** Heutzutage ist es nicht mehr nötig, Erklärungen für Programme selbst zu schreiben. Wie für Musik und Videos gibt es auch für Textbausteine aus Software-Dokumentationen regen Tauschhandel im Web. Server in oft diktatorischen Staaten bieten Textvorlagen aus allen Bereichen. Über Tauschprogramme können Sie eigene Texte zur Verfügung stellen und dürfen sich dafür aus diesem riesigen Pool bedienen. Machen Sie sich keine Gedanken darüber, ob diese Texte auch zu Ihrem Programm passen. Blättern Sie an den Anfang des Kapitels und denken Sie an die erwähnten 0,0125%.

3.9 Nachschminken

Würde ich das Kapitel über Updates so schreiben, wie die meisten Software-Updates programmiert werden, wäre es sehr simpel. Ich würde das vorherige Kapitel nehmen, ein paar Worte umstellen, pro Seite einen Satz entfernen und dafür irgendwo einen neuen Satz einfügen, egal ob er dort hinpasst oder nicht. Noch fünf Rechtschreibfehler entfernen und dafür zehn neue einbauen, fertig.

> ☺ **Seitenblick:** Als Programmierer wäre das kein Problem, als Autor muss ich etwas mehr tun. Leider lassen sich Leser nicht mal einen Bruchteil dessen gefallen, was sich der durchschnittliche zahlende Software-Kunde bieten lässt.

Die *Update-Theorie* besagt: Ein Programm-Update ist die neue Version einer erfolgreichen Software, die zahlreiche neue und nützliche Funktionen enthält. Bei der Wünsche und wichtige Anregungen der Anwender realisiert sind, und in der sämtliche bislang aufgetreten Fehler gefunden und behoben wurden.

Zudem erledigt die neue Version ihre Arbeit schneller und effizienter, belegt weniger Speicher, lässt sich schnell und leicht installieren und übernimmt die alten Datenbestände automatisch. Danach arbeitet man sofort weiter als wäre nichts geschehen, nur dass jetzt alles ein wenig schneller und einfacher geht.

Die *Update-Praxis* sieht etwa so aus: Ein Update ist die neue Version einer durch geschicktes Marketing in den Markt gedrückten Schrott-Software, die gerade soviele neue Funktionen enthält wie die Fachpresse als Futter braucht. Wünsche und Anregungen der Benutzer wurden konsequent ignoriert, und zu den nicht behobenen alten Fehlern kommen noch eine Vielzahl neuer hinzu.

Die neue Version startet viel langsamer, braucht doppelt so viel Speicherplatz und lässt sich nicht unter drei Fehlversuchen installieren. Rund ein Drittel der alten Daten wird nach mehreren aufwändigen Konvertierungen übernommen.

Danach braucht man nur noch einige neue Treiber und Systemerweiterungen mit den neusten Viren nachladen, sowie den Speicher des PCs verdoppeln. Schon kann man genauso ineffizient weiterarbeiten wie zuvor, nur dass die bisher eher sporadischen Abstürze jetzt viel häufiger auftreten.

> ♪ **Merke:** Bei Updates werden oft diese Teile einer Software verdoppelt: Versionsnummer, Dauer des Programmstarts, Anzahl der Fehler und Preis. Dafür halbieren sich Nutzen für die Anwender, Umfang der Dokumentation, freier Platz auf der Festplatte und Chancen bei der Hotline durchzukommen.

Es gibt zwei Wege, Kunden über Updates zu informieren. Der erste Weg ist derselbe wie bei völlig neuen Programmen. Sie informieren die Presse und bejubeln in schönsten Worten und in hellsten Farben die Vorzüge der neuen Version. Der beste Zeitpunkt ist ca. zwei Jahre vor geplanter Fertigstellung.

Das hat dieselben Vorteile wie jede verfrühte Ankündigung neuer Produkte. Die Welt beschäftigt sich schon Jahre im Voraus damit und Ihre Konkurrenz wird demotiviert und davon abgehalten ein ähnliches Produkt zu entwickeln. Ihre Anwender werden angefixt und heiss gemacht auf die neue Version, zugleich hält es sie davon ab sich mit Konkurrenzprodukten zu befassen.

Bei Unwetter: Manche Benutzer können sehr lästig werden und wollen die neue Version sofort haben. Verkaufen Sie denen ruhig erneut die alte mit einem auffallenden Aufkleber *„Neu! Jetzt noch besser!"* auf der Verpackung. Da rund 90% der Anwender nur etwa 10% aller Funktionen eines Programms nutzen gibt es auch in der alten Version noch genug Neues zu entdecken.

Der zweite Weg, Updates unters zahlende Volk zu bringen, ist die Kunden direkt zu informieren. Das setzt natürlich eine umfassende Datensammlung voraus, in der wesentliche Informationen über Ihre Kunden, neben Adresse vorallem Vermögensverhältnisse und oft besuchte Websites, enthalten sind.

Ich setze diese Informationen bei Ihnen voraus, schliesslich haben Sie ja das Kapitel über Registrierung und Aktivierung von Software gründlich studiert. Den Rest haben Sie selbst in der Hand. Genauer gesagt, mit den Daten haben Sie Ihre Kunden in der Hand. Ideale Voraussetzungen für Update-Angebote.

Praktische Lebenshilfe: Auch bei Updates ist ein optimaler Zeitablauf hilfreich. Das beginnt schon bei der Planung der Anschreiben und Angebote. Die sollten so bei Ihren Kunden eintreffen, dass sie sich möglichst ungestört damit befassen können. Ideal sind die Urlaubszeit und die Vorweihnachtszeit. Ferienkalender sind ein wichtiges Planungsmittel für Update-Rundschreiben, besonders wenn Sie die Angebote nach Regionen getrennt versenden wollen.

Geldwerter Vorteil: Bewertungen von Adressen hinsichtlich sozialem Umfeld und Kaufkraft der Bewohner sind heute Standard. Adresshändler und die IT-Abteilung der Mafia bieten diesen Service an. Über spezielle Formeln lassen sich aus den Daten individuelle Updatepreise je Adresse generieren. Damit können Sie den finanziellen Spielraum der Kunden optimal ausbeuten.

Auch das Erscheinungsbild Ihres Update-Angebots ist wichtig. Aussehen, Schriften und Farben sollten sich an Standards der Zielgruppe orientieren. Während in der Finanzbranche bedruckte Geldscheine Eindruck schinden ist bei Programmen für Bestatter eher ein dezentes schwarz auf schwarz gefragt.

Aber Vorsicht, halten Sie Ihren Spieltrieb im Griff. Beachten Sie, dass Sie beim Schreiben von Angeboten kein Entwickler sondern nur Anwender des Textprogramms sind. Eine erniedrigende Position, delegieren Sie die Arbeit.

Bedenken Sie auch, dass Sie sich nicht an irgendwelche anonymen Menschen irgendwo da draussen wenden. Nein, es sind *Ihre* Kunden, die Sie ansprechen. Genauer gesagt Ihre *zahlenden* Kunden. Also jener Teil der Menschheit, der Ihren Lebensstil, Ihre Weltreisen, Ihr Haus, Ihr Auto und Ihr Boot finanziert.

Das heisst nicht, dass Sie auch nur eine Spur von Dankbarkeit zeigen sollen. Im Gegenteil, die Rollenverhältnisse haben wir ja hoffentlich längst geklärt. Sie sind oben, die anderen unten. Etwas anders betont: es *sind* Ihre Kunden. Damit sind nicht nur die Rollen-, sondern auch die Besitzverhältnisse klar.

> ♠ **BlaBlaBla:** Auch die Erwartungshaltung der Untertanen ist festgelegt. Man erwartet von einer neuen Version, dass sie noch schneller und besser funktioniert, noch sinnvollere Funktionen enthält und sich damit die Arbeit noch effizienter, optimaler und erfolgreicher als je zuvor durchführen lässt. Und Sie tun einfach was alle Hersteller in dieser Situation tun. Versprechen Sie den Kunden genau das. Einmal, zweimal, notfalls auch ein dutzend mal. Versprechen Sie das Blaue vom Himmel herunter, und wenn sich dabei das Ozonloch zum Äquator ausweitet. Das ist branchentypisch und muss so sein.

Dem Angebot liegt ein Bestellformular bei. Um der wichtigsten Verkaufsregel *Mache es dem Kunden so einfach wie möglich sein Geld loszuwerden* gerecht zu werden sind darin bereits alle Daten vorgegeben. Ihre Kunden brauchen es nicht mal durchlesen, nur unterschreiben und ab an Ihre 0900er Faxnummer.

> 💰 **Geldwerter Vorteil:** Obligatorische Wartungsverträge werden mit dem Update automatisch verlängert. Im Idealfall beginnt die Mindestlaufzeit von zehn Jahren erneut. Ausserdem ist es der beste Zeitpunkt, die Servicegebühr der gestiegenen Inflation und Ihrem gestiegenen Lebensstandard anzupassen. Sollte dies auf Akzeptanzprobleme stossen gehen Sie vor wie die in solchen Dingen stets einfallsreiche Lebensmittelbranche. Statt den Preis zu erhöhen mindern Sie Ihre Gegenleistung. Oder Sie ändern den Zeitraum, für den die gleiche Gebühr zu zahlen ist. Aus *jährlich* machen Sie einfach *monatlich*.

Zwei weitere wichtige Punkte bei Update-Anschreiben werden erschreckend oft falsch gemacht und müssen daher unbedingt noch erwähnt werden. Zum einen sind es die geänderten und neuen Programmfunktionen. Sollen sie den Anwendern und potentiellen Update-Käufern mitgeteilt werden oder nicht?

Die Klärung dieser Frage hängt in erster Linie davon ab, ob die neue Version überhaupt irgendwelche neuen oder geänderten Funktionen enthält. Hat sich ausser der Versionsnummer nichts geändert, können Sie auf eine detaillierte Aufzählung der neuen faszinierenden Möglichkeiten auch ruhig verzichten.

Hat sich dagegen etwas geändert, könnten Sie es auflisten. Das hat aber den Nachteil, dass Ihre Kunden die so beworbenen Verbesserungen auch wollen. Kunden sind so. Zahlende Kunden erst recht. Damit müssen Sie leider leben.

Besser Sie beschränken sich auf gefälliges und gönnerhaftes Understatement. Wählen Sie einfachste Worte: *„Alles neu! So gut wie nie! Jetzt fehlerfrei!"*. Sagen Sie einfach nur die Wahrheit, dass Ihre neue Version *vollkommen* ist. Das genügt völlig. Es klingt realistisch und ist überhaupt nicht übertrieben.

☞ **Schlüssel zum Erfolg:** Lassen Sie Anwender selbst nach Neuerungen und Änderungen suchen. Das hat auch den Vorteil, dass die Nutzer nach der Installation der neuen Version für einige Wochen beschäftigt sind und nicht gleich merken, dass bislang fehlerfreie Funktionen jetzt laufend abstürzen.

Der zweite wichtige Punkt ist der Termin, an dem die neue Programmversion lieferbar ist. Legen Sie sich auf gar keinen Fall auf ein bestimmtes Jahr fest. Es reicht, wenn die neue Version *bald* verfügbar ist. Dieses kleine Wort ist nicht nur von Vorgesetzten, sondern auch von Anwendern flexibel deutbar.

Achtung, wenn Sie neue Versionen mit einer Jahreszahl im Namen ergänzen schaffen Sie eine gefährliche Erwartungshaltung. Früher oder später müssen Sie dem nachkommen. Planen Sie ausreichend Spielraum ein. Wenn Sie in 2008 Ihr Update *Megasoftware 2010* ankündigen und erst in 2012 ausliefern sind Sie nur zwei Jahre im Rückstand. Das ist normal und branchenüblich.

🏆 **Ruhm und Ehre:** Sie wissen, dass Sie zu den Grössten Ihrer Branche gehören, wenn Sie Updates garnicht mehr ausliefern müssen. Wenn es schon genügt, ein Update nur *anzukündigen* und die Welt voller Ehrfurcht erstarrt. Diese Lähmung der Massen hält lange vor und Sie haben erst mal Ihre Ruhe. Wird es unruhig und steigt der Druck kündigen Sie das nächste Update an.

3.10 Zeit der Bescherung

Durch meine lange Branchen-Erfahrung kann ich Ihnen den optimalen Zeitpunkt für Update-Auslieferungen verraten: kurz vor Weihnachten!

Wenn in den meisten Haushalten und Betrieben emsiges Treiben herrscht, wenn Extraarbeiten für Einkäufe, Inventuren und Jahresabschlüsse erledigt werden müssen und der Stress noch grösser ist als sonst, kommt ein Update gerade recht. Wenn sowieso bei vielen die Nerven schon blank liegen freut man sich besonders auf neue Software. Gerade dann hat man dafür Zeit.

> **Praktische Lebenshilfe:** Besonders erfreut sind zu dieser Zeit Firmen, bei denen reges Jahresendgeschäft herrscht. Finanzbranche, Versicherungen, Versandhandel oder Spielwaren-Hersteller. Gehören Ihre Kunden zu diesen Gruppen wäre es überlegenswert, ob Sie nicht nur Updates, sondern auch alle anderen Aktivitäten aktiver Kundenpflege wie unangemeldete Besuche oder telefonische Nachfragen nach dem werten Befinden in diese Zeit verlagern.

Bei engen zeitlichen Vorgaben ist natürlich die Terminplanung sehr wichtig. Planen Sie die Fertigstellung des Updates am besten für die Zeit um Ostern. Das erhöht die Chancen beträchtlich, dass bis Weihnachten wenigstens eine halbwegs laufende Beta-Version auslieferbar sein wird. Das reicht ja auch.

Falls es doch mal etwas knapp wird und bis zur geplanten Auslieferung nicht mal eine halbfertige Beta-Version verfügbar ist, wird eben die gerade mal so einigermassen kompilierbare Alpha-Fassung verschickt. Ist Ihnen doch egal.

> **Seitenblick:** Zoologen nennen den Anführer eines Wolfsrudels den Alpha-Wolf. Ähnliches gilt für die Software-Branche, und daher können es sich Marktführer auch erlauben, Produkte im Alpha-Stadium zu verkaufen.

Als Alternative zur Auslieferung kurz *vor* Weihnachten bietet sich die Zeit kurz *danach* an. Die Zeit zwischen den Feiertagen und dem Jahreswechsel. Während diesen Tagen hat niemand Zeit und Lust, auch nur einen Gedanken an das Update zu verschwenden. Damit bleibt es liegen bis es wieder etwas ruhiger geworden ist, was häufig erst nach Ostern der Fall sein wird.

Einige Ihrer Kunden werden bis dahin das im Regal verstaubte Update längst wieder vergessen haben, es also nie installieren. Das ist nur zum Vorteil aller. Dem Anwender bleibt die hohe psychische Belastungen erspart, Ihr Support hat weniger zu tun und Sie verkaufen dasselbe Update nächstes Jahr erneut.

Natürlich gibt es sie. Es gibt sie immer. Naive und weltfremde Leute, die tatsächlich ein Update kurz vor oder zwischen den Feiertagen installieren. Menschen einfachen Gemüts, gutgläubig und mit wenig Lebenserfahrung.

Was glauben Sie, wie hoch die Wahrscheinlichkeit ist, dass sowas gut geht? Dass vor der Installation eine Datensicherung gemacht wird? Dass das neue Programm ausgerechnet dort läuft und es keine gravierenden Probleme gibt? Die Chance unterm Christbaum vom Blitz getroffen zu werden ist grösser.

Und wer ist Schuld? Sie! Tja, da haben wir es wieder mal. So ungerecht geht es auf dieser Welt zu. Dabei haben Sie doch wirklich alles getan, damit der Kunde das Update nicht anrührt, sondern einfach nur bezahlt und vergisst.

Aber Ihr Kunde musste die neue Version ja ausgerechnet jetzt installieren. Selbst Schuld! Jetzt hat er den Salat, seine Firma steht, die Daten sind weg. Und über die Feiertage ist natürlich niemand erreichbar der ihm helfen kann. Sein Informatik studierender Neffe flog über Silvester nach Thailand, der eigene Techniker wurde aus Kostengründen im Sommer entlassen und Ihr Support ist auch erst wieder ab Mitte Februar erreichbar. Dumm gelaufen.

> **Im Notfall:** In solchen Momenten ist die Gefahr besonders gross, dass eine Firma tage- oder wochenlang handlungsunfähig ist und unweigerlich in Existenznot gerät. Nein, nicht Ihre, die Firma Ihres Kunden. Daher sollten Sie Updates möglichst gegen Vorkasse oder wenigstens per Bankeinzug liefern. Dann sind wenigstens Sie auf der sicheren Seite und haben Ihr Geld. Der Rest kann Ihnen egal sein, solche Marktbereinigungen gibt es immer und überall.

Natürlich sollte Ihre Hotline über die Feiertage besetzt sein. Also der Kunde bei Anruf immer ein Besetztzeichen hören. Das ist besser als Ansagen wie *„Wir sind bis Mitte Februar in Urlaub"*, die zu Neid und Missgunst bei den sowieso schon sehr verzweifelten Anrufern führen. Wenn das Besetztzeichen vom Band kommt können Sie trotzdem den teuren 0900er Anruf kassieren.

> **Geldwerter Vorteil:** Geben Sie die Update-Sendungen unfrankiert auf. Ihre Kunden zahlen beim Erhalt der Lieferung das fehlende Porto nach, denn nur dann bekommen sie die Sendung auch ausgehändigt. Es werden häufig Geschenke per Post verschickt und wer lässt sich schon ein vermeintliches Präsent entgehen nur wegen dem Strafporto? Für Ihre Kunden fällt es nicht weiter ins Gewicht, für Sie wird es in der Summe eine grosse Ersparnis und die finanzielle Basis zur Verlängerung Ihres verdienten Weihnachtsurlaubs.

Jetzt wissen Sie, dass nicht jeder Kunde über Ihre Software-Updates und die Auswirkungen auf seine Arbeit, seine Firma und seine Psyche zufrieden ist.

Falls Sie aber länger als ein paar Monate in dieser Branche überleben und Geld verdienen wollen, hilft es Ihnen vielleicht, wenn Sie sich etwas in die Situation Ihrer Kunden in solch heiklen Momenten hineinversetzen können.

☂ **Bei Unwetter:** Dieses Wissen ist auch deshalb hilfreich für Sie, damit Sie auf mögliche Wutausbrüche, Kündigungen von Serviceverträgen oder Morddrohungen vorbereitet sind und *angemessen* darauf reagieren können.

Kunde nach der Installation eines Updates ...

Wie Sie sehen ist die Situation ein wenig heikel. Psychiater würden hier von Lebenserfahrungen im emotionalen Grenzbereich reden, Kernphysiker sehen darin eher einen Super-GAU und beim Flippern nennt man das schlicht *tilt*.

Wie Sie es nennen überlasse ich Ihnen. Im Grunde kann es Ihnen ja sowieso egal sein, und ändern können Sie es auch nicht, zuwas also gross aufregen. Viel wichtiger ist, wie die oben erwähnte *angemessene* Reaktion aussieht.

Mit der richtigen Strategie (dieses Buch ist voller Strategien!) kriegen Sie es sicher in den Griff. Es gibt drei Varianten, um hier *angemessen* zu reagieren, und am Besten kombinieren Sie alle drei, dann kann Ihnen nichts passieren.

... und Ihre angemessene Reaktion darauf

4. Bastelvorlagen

Seit Erfindung der Kommandozeile haben sich einige Eckpfeiler ergeben, die absolut notwendig sind für ein *wirklich gutes* Programm. Dieses Kapitel führt Sie in dieses geheime Wissen ein und pflastert damit den Weg Ihres Erfolgs.

Natürlich können Sie sich auch Ihre eigenen Gedanken darüber machen, was eine *wirklich gute* Software ausmacht. Aber dann sollten Sie sich diese zwei Fragen stellen: wollen Sie wirklich mit Denken kostbare Zeit verschwenden? Wissen Sie nicht sowieso längst, was eine *wirklich gute* Software ausmacht?

Zwei Fragen, die erfolgreiche Entwickler dreimal mit *nein* beantworten. Nein, ich will keine Zeit mit Denken verschwenden. Nein, ich weiss nicht, was *wirklich gute* Software ausmacht. Nein, ich will es auch nicht wissen. Bevor Sie also Zeit mit Nachdenken verschwenden lesen Sie bitte weiter ...

> ☛ **Praktische Lebenshilfe:** Illusionen sind gefährlich. Auch wenn man gerade am Anfang seiner Karriere dazu neigt, sich die Welt schön zu reden. Ich kenne das aus eigener Erfahrung. Das geht vielen so, Sie sind nicht allein. Jede Krankenschwester denkt am Anfang, kranken Mitmenschen zu helfen. Mancher Politiker hat beim Eintritt in seine Partei ernsthaft geglaubt, etwas Gutes für seine Wähler bewirken zu können. Und wir Programmierer dürfen anfangs noch glauben, Software zum Nutzen der Menschheit zu entwickeln.

Ich spare mir also die Illusionen und beschränke mich auf die reinen Fakten. Die konsequente Einhaltung der folgenden Punkte stellt sicher, dass sich Ihr Produkt nahtlos in die Reihe herausragender Software-Innovationen einreiht. Werke, die ihre Benutzer so unsagbar nerven und reizen, bis aufs Blut quälen und schonungslos bevormunden. Programme, die am Ende mehr Zeit, Geld und Nerven kosten als dass durch ihren Einsatz je an Nutzen gewonnen wird.

> 👁 **Seitenblick:** Falls ich jetzt eine kleine Krise bei Ihnen ausgelöst habe: Keine Bange, das ist alles ganz normal. Es ist wie überall in der Welt, es geht immer nur um Macht und Geld. Nichts sonst treibt die Menschen an. Nichts. Krankenschwestern verdienen am besten, wenn sie schwarzes Leder unterm weissen Kittel tragen und „spezielle" Behandlungen anbieten. In der Politik können Sie es nur dann wirklich weit bringen, wenn Sie korrupt genug sind. So funktioniert die Welt. Nie war es anders, nie wird es jemals anders sein.

4.1 Fundierte Fundamente

Die auf der Verpackung genannten Voraussetzungen an die Hardware sind üblicherweise rund ein Zehntel des realen Bedarfs. Das ist weltweit üblich. Benötigt Ihr Programm z. B. 500 MB freien Hauptspeicher um wenigstens einigermassen zu laufen und belegt es ca. 5 GB auf der Festplatte, sollte die Aufschrift *„ab 640 KB RAM und 500 MB freier Festplatte"* Ihr Werk zieren.

💰 **Geldwerter Vorteil:** Das hat ausserdem den Vorteil, dass Sie veraltete Verpackungen aus der Konkursmasse Ihrer gescheiterten Konkurrenten billig aufkaufen und für Ihre eigenen Produkte verwenden können. Nur den Namen müssen Sie überkleben. Beim Preis machen Sie ggf. aus *DM* einfach *EUR*, so wie Sie das schon von anderen Branchen wie z. B. Restaurants gelernt haben.

Viele Anwender haben sowieso brandneue PCs mit üppiger Ausstattung. Sei es weil sie die neue Technik zum arbeiten (selten) oder zum absetzen von der Steuer (häufig) brauchen. Oder weil es dem eigenen Ego einfach nur gut tut.

🖐 **Merke:** In einer Zeit, da Computer zwischen Toast, Katzenfutter und Frischkäse angeboten werden, gehören moderne PCs zur Grundausstattung. Wer veraltete Geräte benutzt, die vor über drei Monaten gekauft wurden, ist selbst schuld wenn neue Programme auf diesem Elektroschrott nicht laufen.

Software-Voraussetzungen sind schon komplexer. Hierbei müssen Sie viel mehr bedenken und auf zahlreiche Zusammenhänge achten. Sie bekommen aber auch viel mehr Möglichkeiten, Ihren Kunden das Leben zu vermiesen.

Die schlimmsten Probleme erzeugen Sie, wenn Sie Ihre Produkte mit einem Entwicklungswerkzeug erstellen, das sein eigenes Runtime-System benötigt. Je mehr Versionen von dieser Runtime in Umlauf sind und je inkompatibler diese zueinander sind, desto mehr Ärger haben Ihre zahlenden Kunden. Für maximalen Kundenfrust verwenden Sie entweder völlig veraltete Runtimes, oder alternativ eine brandneue noch nicht freigegebene Beta-Version.

👉 **Praktische Lebenshilfe:** Runtimes werden nur ohne Prüfung installiert. Ist eine andere Version auf dem Ziel-PC vorhanden, wird sie platt gemacht. Keine andere Version hat eine Daseinsberechtigung neben Ihrem Produkt. Und überhaupt, was kümmert Sie es, wenn andere Programme danach nicht mehr richtig funktionieren. Hauptsache Ihr Programm läuft. Oder sagen wir, Hauptsache es startet wenigstens ein bischen, dann wird man weitersehen ...

Selbstverständlich benötigt jedes moderne Programm den Internet-Browser des Marktführers. Ob Ihre Software überhaupt das Internet benutzt ist dabei ebenso irrelevant wie die Frage, ob der Anwender diesen Browser überhaupt auf seinem PC haben will. Sie bestehen darauf und installieren ihn ungefragt.

☞ Schlüssel zum Erfolg: Bedingungslose Hörigkeit gegenüber wichtigen Marktführern ist Voraussetzung, um als Software-Entwickler Informationen über künftige Erweiterungen und über neue Betriebssysteme zu bekommen. Als Querulant und Abtrünniger sind Sie chancenlos. Stellen Sie sich von Anfang an in den schützenden Schatten der Branchenriesen, bevor Sie die erbarmungslose Sonne des harten Wettbewerbs austrocknet und verbrennt.

Hin und wieder gibt es von diesen Marktführern völlig neue Techniken, die das Betriebssystem erheblich erweitern, verlangsamen und destabilisieren. Damit ergeben sich für Sie ganz neue Möglichkeiten Fehler zu produzieren, Programme aufzublähen und Reaktionszeiten unerträglich zu verlangsamen.

Nutzen Sie all diese Möglichkeiten gleich von Anfang an konsequent aus. Gerade zu Beginn, wenn die nötigen Module und Erweiterungen noch nicht Bestandteil des Betriebssystems sind, sondern nur in fremden Sprachen und als viele Gigabyte grosse Downloads zur Verfügung stehen.

Für Sie als Entwickler hat das mehrere Vorteile. Dazu gehört nicht nur, dass Sie Ihre eigene Abhängigkeit vom Marktführer zementieren und auch Ihre Kunden den ganz grossen Haien der Branche als hilflose Beute servieren.

Nein, Sie haben damit auch völlig neue Argumente für die haarsträubenden Fehler in Ihrem Programm. Denn natürlich ist diese neue Plattform schuld, wenn Ihr Programm ständig abstürzt. Natürlich ist es die Erweiterung des Betriebssystems, die dafür verantwortlich ist, dass Ihr neustes Update so unzumutbar laaahm und träääge auf jede Eingabe re...a...g...ie......r.........t.

Ebenso natürlich werden Ihre Kunden meckern, den Marktführer verfluchen und Ihnen ihr Mitgefühl ausdrücken. Aus Kundensicht sind Sie das Opfer! Und natürlich wird sich jeder Anwender seinem Schicksal fügen, so wie sich das Rindvieh den Elektroschockern der Schlachthof-Mitarbeiter fügt. Muh!

✎ Hot: Wenn Sie Ihre Kunden erst so weit haben, dass sie sich mit Ihnen solidarisieren und beide als Opfer sehen, können Sie *alles* mit ihnen machen. Ein kleiner Trost für Sie, da die Marktführer *alles* mit *Ihnen* machen können.

4.2 Wilde Dschungelpfade

Verwenden Sie ausschliesslich fest vorgeschriebene und vom Benutzer nicht änderbare Pfade und Verzeichnisse. Nicht nur für die Installation, sondern auch für die Daten der Anwender. Ich gebe Ihnen ein einfaches Beispiel.

> **Denkvorlage:** Der ideale Pfad, um Texte auf der Festplatte abzulegen:
> *c:\dokumente und einstellungen\eigene dateien\meine texte\textdateien\büro*
> *die textdateien des programms xy\die gebündelte ablage der texte\ bürotexte*

Der Pfad ist hochgradig dämlich, kropfunnötig lang und wegen der Umlaute und Leerzeichen extrem fehleranfällig. So ein Pfad kann niemals vollständig angezeigt, geschweige denn jemals fehlerfrei von Hand eingegeben werden. Genau darum wird Ihr Programm dort und nur dort seine Dateien ablegen.

Erlauben Sie den Anwendern niemals, den Datenpfad zu ändern. Die meisten Benutzer sind solchen logistischen Herausforderungen nicht gewachsen und wären mit einem Dialog zur Verzeichnis-Auswahl völlig überfordert. Allein die Vorstellung was alles passieren kann, wenn kleine Kinder, äh Anwender die benutzten Programme auch noch selber konfigurieren wollen ...

> **Merke:** Installiert wird ein Programm dort, wo es der Betriebssystem-Hersteller in seiner unendlichen Weisheit und Güte vorgesehen hat. Amen. Dort wird *jedes* Programm installiert und dort sammelt sich so viel Mist an, dass sogar engagierte Anwender früher oder später den Überblick verlieren. Auch wird niemand dort jemals etwas löschen, aus Angst etwas zu zerstören. Damit ist das Ziel der Systemhersteller erreicht. Macht und Herrschaft sind durch Unwissenheit und Ängste der Massen am leichtesten durchzusetzen. Eine der wenigen Gemeinsamkeiten von Software-Industrie und Kirche.

Dass so unsägliche Verzeichnisse Datensicherungs-Programme vor Probleme stellen, braucht Sie nicht weiter kümmern. Sie haben ja mit diesem Unsinn nicht angefangen, das waren *andere*. Selbst Backups auf CD oder DVD sind damit gut zu boykottieren. Verwenden Sie mehr verschachtelte Verzeichnisse und längere Namen als der ISO-Standard für Silberlinge erlaubt. Ihre Kunden danken es, besonders diejenigen die verantwortungsvoll ihre Daten sichern.

> **Ruhm und Ehre:** Versuche Ihr Programm *woanders* zu installieren sind ein Warnsignal. Ist Ihr Kunde ein Freidenker oder Intellektueller, womöglich gar ein Terrorist? Melden Sie es den Behörden, Ihr Vaterland dankt es Ihnen.

4.3 Trügerische Sicherheit

Schon grosse Philosophen erkannten: nichts ist so beständig wie der Wandel. Fast immer, wenn Ihr Programm benutzt wird, werden auch Daten geändert. Wie lang die Änderungen erhalten bleiben hängt davon ab, ob Ihr Programm schon vor oder erst nach dem Speichern der letzten Änderungen abstürzt.

Je nach Einsatzzweck und Wichtigkeit der Daten werden manche Entwickler mit der Forderung konfrontiert, selbst für die Sicherung der Daten zu sorgen. Beispielsweise durch eine selbständige Archivierung einer oder gar mehrerer alter Dateiversionen, immer wenn die Benutzerdaten neu gespeichert werden.

Sogar Wünsche nach einer regelmässigen Sicherung während des laufenden Betriebs waren aus Kreisen besonders impertinenter Kunden schon zu hören. Die meisten konnten jedoch erfolgreich therapiert werden, indem Programme zwar die Daten sicherten, die Sicherungen aber an Orten ablegten, an denen sie niemand wiederfinden konnte (Sie wissen schon, die *Dschungelpfade* ...).

Denkvorlage: Gründe *gegen* Datensicherung in Ihren Programmen.
1. Das soll der dämliche Anwender gefälligst selbst tun, Himmel noch mal.
2. Zuwas denn sichern, mein Programm stürzt doch vor jedem Speichern ab.
3. Meine Programme belegen bereits den gesamten Platz auf der Festplatte.
4. Meine Programme sind so genial, die haben sowas überhaupt nicht nötig.
5. Datensicherung, Datensicherung, hm, nie gehört, ist das ansteckend?

Denkvorlage: Gründe *für* Datensicherung in Ihren Programmen.
-2147483648. *(Error - overflow - null pointer assignment).*

Datensicherung ist einzig und allein Sache der Anwender. Wer meint Daten unbedingt sichern zu müssen, soll das ruhig tun. Und es gefälligst *selbst* tun. Natürlich tut es niemand. Unwiederbringlich verlorene Arbeit vieler Tage, Wochen und Monate, der Verlust wirtschaftlicher Existenzgrundlagen und geistiger Lebenswerke hat schon zahlreiche Firmenpleiten, Ehescheidungen, Herzinfarkte und Selbstmorde ausgelöst. Aber ist das Ihr Problem? Na also.

Seitenblick: Zwar hat Darwin nichts zur Datensicherung gesagt, aber in der Natur gilt das Gesetz, dass nur die Starken überleben. Bei den Menschen ist dieser Ausleseprozess aus vielen Gründen gestört und ausser Kraft gesetzt. Doch die Natur hat für alles eine Lösung parat. Vielleicht ist Datensicherung am Ende ja die Fortsetzung der menschlichen Evolution mit anderen Mitteln.

Es bleibt eine Situation, bei der Sie zumindest rudimentäre Funktionen zur Datensicherung in Ihr Programm einbauen sollten. Und zwar dann, wenn Sie eine Backup-Software programmieren. Dann kommen Sie nicht drum rum.

Backups sind sooo wichtig. Im Interesse der Daten und des Seelenfriedens. Und um die Evolution und den natürlichen Ausleseprozess in Gang zu halten, wie Sie eben gelernt haben. Vermutlich sind deshalb genau diese Programme oft derart haarsträubend zu bedienen. Um die Überbevölkerung zu begrenzen.

> ✒ **Merke:** Je wichtiger ein Programm für die Anwender ist, desto konfuser darf seine Bedienung, desto miserabler seine technische Umsetzung ausfallen. Schliesslich ist der Mob, also die zahlende Kundschaft, ja darauf angewiesen. Wer sich weigert und die Backup-Programme nicht benutzt lebt ständig in der Gefahr seine Daten zu verlieren. Das ist die Wahl zwischen Pest und Cholera.

Es werden oft dieselben Quellverzeichnisse in dasselbe Ziel gesichert. Daher ist es sinnvoll, dass sich Backup-Programme diese Details merken. Natürlich nicht alles. Ideal ist es, wenn bei jedem Neustart ein paar Quellverzeichnisse vergessen werden und das Ziel hin und wieder neu eingestellt werden muss. Der Anwender soll sich immer wieder neu und ganz bewusst damit befassen. Nichts ist schlimmer als Routine, gerade bei der wichtigen Datensicherung.

Der bewusste Einsatz von Backup-Software kann noch intensiviert werden, wenn Sicherungen nicht automatisch und unbeaufsichtigt durchführbar sind. Rückfragen zu Beginn sind obligatorisch, ebenso sporadische Bestätigungen einzelner per Zufall ausgewählter Dateien während des Kopiervorgangs. Nur wer während der Sicherung stundenlang am PC sitzt wird sich bewusst, wie essentiell diese Datensicherung für das eigene erbärmliche Leben doch ist.

> ☛ **Praktische Lebenshilfe:** Da immer gleiche Rückfragen schnell Routine entstehen lassen empfiehlt es sich, gleiche Fragen variabel zu formulieren. Eine Standard-Rückfrage wie z. B. „*Wollen Sie die Datei x wirklich sichern?*" kann zwischendrin auch mal so lauten: „*Soll x heute nicht gesichert werden?*".

Natürlich erzeugt eine gute Backup-Software ein Protokoll. Ebenso natürlich ist das Protokoll gut versteckt und unvollständig. Wenn es Anwender doch finden, so werden sie mit einer Zusammenfassung beglückt, die ihnen jeden künftigen Versuch das Protokoll zu prüfen verleitet. Es genügt „*von 10.225 ausgewählten Dateien wurden 8.999 gesichert*". Was mit dem Rest ist, dazu findet sich im Protokoll kein Wort. Sie können die Zahlen auch vertauschen.

4.4 Wer nicht fragt bleibt dumm

Je häufiger eine Programmfunktion ausgeführt wird, desto weniger wird sie bewusst wahrgenommen. Man stumpft ab, achtet nicht mehr auf Details, die anfangs bewusste Handlung wird Routine. Leichtsinnig, sehr leichtsinnig.

Wie schnell passieren Fehler. Und wer ist in den Augen der Anwender dann Schuld an diesen Fehlern? Natürlich das Programm und die Programmierer! Dem gilt es vorzubeugen. Bauen Sie bei allen häufig genutzten Funktionen unnötige Rückfragen ein. Damit das aber nicht auch zur Routine verkommt müssen Sie schon etwas kreativ werden und die Formulierungen variieren.

Wechseln Sie die Frage nach dem Zufallsprinzip. Als Beispiel nehme ich das Beenden des Programms. Auf die höchst langweilige Frage *„Wollen Sie das Programm wirklich beenden?"* antworten alle sofort und automatisch mit *Ja*.

Was aber, wenn plötzlich *„Wollen Sie das Programm noch etwas benutzen?"* gefragt wird. Die Anwender werden so gezwungen, sich immer wieder neu damit zu beschäftigen und Ihr Produkt erhält die verdiente Aufmerksamkeit.

Noch Fragen?

✐ **Hot:** Mit einfachen Mitteln können Sie die Herzfrequenz Ihrer Kunden erhöhen und damit einen Beitrag zur allgemeinen Volksgesundheit leisten. Verwenden Sie beim Beenden Ihres Programms statt der üblichen Floskeln einfach ab und zu ein herzhaftes *„Wollen Sie wirklich alle Daten löschen?"*.

Gezielte Rückfragen zeigen dem Anwender, dass sich der Programmierer mit ihm verbunden fühlt und an ihn denkt. Zum Beispiel der Autor eines Buches. Wenn er jede Speicherung ausdrücklich bestätigen muss wird das Speichern seines Textes zu sehr intensiven Glücksmomenten in seinem Dasein führen. Gefühle voll tiefer Dankbarkeit durchströmen ihn und er vergisst für einen Augenblick sogar, dass er ja garnicht weiss *wo* der Text gespeichert wird.

Auch das unnatürliche verdrehen von Fragen bzw. dem Sinn ist sehr beliebt. Meist reicht schon eine einfache Umkehr aus. Statt *„ Wollen Sie speichern? "* wird einfach nach *„ Wollen Sie die Speicherung nicht übergehen? "* gefragt. Eine simple Verneinung und ein taktisch gut platziertes *nicht* innerhalb der Wortfolge genügt, um die Hirndurchblutung der Anwender zu erhöhen.

Fortgeschrittene gehen noch einen Schritt weiter, wie dieses Beispiel zeigt: *„ Wollen Sie nicht doch, dass die Datensicherung nicht übergangen wird? "*. Da braucht es schon etwas länger, bis sich einem der Kern der Frage auftut. Nehmen wir an, Sie wollen sichern. Würden Sie *Ja* oder *Nein* antworten? Lassen Sie sich ruhig Zeit, manchmal braucht es einfach etwas länger ....

☞ **Schlüssel zum Erfolg:** Einen vorderen Platz in der Ahnengalerie grosser Programmierer sichern Sie sich, wenn Sie nicht nur mit den Fragen, sondern auch mit den Antworten kreativ umgehen. Die fast simple Frage *„ Wollen Sie keine Datensicherung nicht ausführen? "* kann ebenso simpel mit *Ja* oder *Nein* beantwortet werden. Wenn aber als Antwort *Nein* und *Abbruch* möglich sind wird es doch erst wirklich spannend. Für Sie und vorallem für die Anwender. Mehr Beispiele zur Anregung: *„ Wollen Sie wirklich alles löschen? Ja / Ok "*. Oder drei Antworten: *„ Sind die Eingaben korrekt? Nein / Abbruch / Zurück "*.

Die bisher vorgestellten Fragen haben eines gemeinsam, sie sind verständlich. Wenn nicht im Sinn, so wenigstens in der Sprache. Anspruchsvolle Software bietet aber auch Fragen in einer dem Anwender unbekannten Sprache. Gerade an Stellen die äusserst wichtig sind, wo Fehler fatale Folgen haben können.

In sensiblen Bereichen oder heiklen Momenten, beim Jahresabschluss einer Buchhaltung oder vor der Neuformatierung der ganzen Buchvorlage ist eine unverständliche Rückfrage auf englisch, russisch oder vietnamesisch Pflicht.

Ein *„ Reload predefined runtime library into buffer overflow? "* zeigt jedem Anwender sein begrenztes Verständnis der Welt. Gleichzeitig erhöht es den Umsatz Ihrer kostenpflichtigen Hotline. Fragen in kyrillisch oder chinesisch bekunden, dass man in der Software-Entwicklung heutzutage global tätig ist. Übersetzungen sind unnötig, die Anwender verstehen den Sinn ja doch nicht.

🗣 **BlaBlaBla:** In der Königsklasse dämlicher Rückfragen spielen Sie mit Fragen, die garnichts mit dem Programm und der Tätigkeit des Benutzers zu tun haben. *„ Geht es Ihnen noch gut? "*, *„ Und, wie war die Nacht? "* oder ein *„ Darf ich Ihnen einen Absturz anbieten? "* signalisieren dem Anwender eine tiefe Verbundenheit der Software mit seinen alltäglichen Sorgen und Nöten.

Den Olymp haben Sie freilich erst erreicht, wenn Sie garnichts mehr fragen müssen. Wenn Sie auf dem PC des Kunden tun und lassen können was Sie wollen, egal ob es um die Speicherung oder Löschung wichtiger Daten geht.

Überhaupt ist der Unterschied zwischen Speichern und Löschen ja minimal. Eine Entscheidung zwischen diesen beiden Aktionen brauchen Sie garnicht mehr vom Anwender abfragen, das entscheiden Sie nach dem Zufallsprinzip.

Für den Fall, dass Ihnen mal die Worte fehlen und Ihnen einfach nichts mehr einfällt zum Fragen gibt es natürlich auch eine Lösung. Eine aus dem echten wirklichen Leben und absolut dazu geeignet von Ihnen kopiert zu werden.

🏆 **Ruhm und Ehre:** Mein persönlicher Platz 1 dämlicher Rückfragen ist seit Jahren unangefochten eine *leere* Meldung. Sie erscheint sporadisch und ohne erkennbaren Grund beim Programmstart. Kein Text, nur zwei Buttons für *Ja* und *Nein*. Natürlich ist es gleich was man antwortet, es passiert *nichts*. Verbrochen hat das Meisterwerk die *Visual dBASE Runtime*. Glückwunsch!

And the winner is ... Visual dBASE!

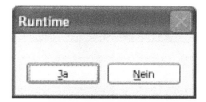

Bravo! Minimaler Einsatz, maximaler Erfolg!

4.5 Eine Frage des Formats

Speichern Sie Daten ausschliesslich in einem Format, das nur Ihr Programm lesen und schreiben kann. Das bedeutet zwar anfangs mehr Aufwand bei der Entwicklung, da Sie nicht auf bestehende und häufig auch gut dokumentierte Datenformate zurückgreifen, sondern mal wieder das Rad völlig neu erfinden.

Doch der Aufwand lohnt sich. Damit wird es für einmal gewonnene Benutzer so gut wie unmöglich, später zu einem Konkurrenzprodukt zu wechseln. Eine Übernahme der Daten in ein anderes Programm wäre nicht möglich, und wer erfasst schon seine über Monate und Jahre gesammelten Daten nochmal neu?

> **Merke:** Je länger ein Benutzer mit Ihrem Produkt arbeitet, desto stärker wird er daran gebunden, ja regelrecht gefesselt. Schon bald ist er Ihnen und Ihrer technologisch-wirtschaftlichen Willkür hilflos ausgeliefert. Man spricht hierbei vom Idealverhältnis zwischen Software-Entwickler und Anwender.

Unterstützen Sie das Speichern in Fremdformaten möglichst nicht. Nur wenn es sich nicht vermeiden lässt implementieren Sie eine grobe Schnittstelle zu anderen Programmen. Dabei werden natürlich wichtige Details „vergessen", damit der Anwender sieht, wie unvollständig die Konku enzp odukte sind.

In einer Textverarbeitung können Schriftarten vertauscht und häufig benutzte Fonts wie *Arial* oder *Times Roman* kreativ in *Wingdings* gewechselt werden. Schon wird jeder langweilige Satz zu □◆□ℳ□   ☺□ℳ☜◆✠✠◆↗✠◆. Häufige Attribute wie fett und kursiv werden zu schwarzer und grüner Farbe, während unterstrichene Texte bei der Übertragung gleich ganz verschwinden.

Falsche Umlaute oder andere Dezimalzeichen bei Zahlen sind ein alter Hut. Darauf sind schon andere gekommen, das ist Standard bei Datenübernahme. Gehen Sie auch hier neue Wege. Statt das Dezimalzeichen zu vertauschen behalten Sie es ruhig bei, verschieben es aber um eine oder zwei Stellen.

> **Geldwerter Vorteil:** Achten Sie darauf, nur mindestens drei Jahre alte Versionen der Fremdprogramme zu unterstützen. Damit halten Sie die aktuellen Programm-Versionen Ihrer Konkurrenz in sicherem Abstand.

> **Hot:** Wenn Sie fremde Formate speichern benutzen Sie Dateiendungen, die das Fremdprogramm für Backups verwendet. Das erhöht den Frustfaktor des Anwenders bei der Benutzung des Konkurrenz-Produkts beträchtlich.

4.6 Reine Einstellungssache

Es gibt doch tatsächlich Anwender, die sind mit der Grundkonfiguration eines Programms unzufrieden. Die wollen allen Ernstes individuelle Einstellungen und Vorgaben nutzen, wollen Ihre geniale Software an eigene Gewohnheiten und Bedürfnisse anpassen. Wirklich dreist, was zahlende Kunden fordern.

Wenn Anwender auf den Geschmack kommen und den Spieltrieb entdecken, weiss jeder Entwickler wie das endet. Nichts geht mehr! Die Hotline darf sich dann das Gejammer und Geschimpfe anhören. Wie bei der Telefonseelsorge, wahrlich nichts für schwache Nerven. Es ist mal wieder Zeit für eine Strategie.

Praktische Lebenshilfe: Verteilen Sie einstellbare Optionen weiträumig über das ganze Programm. Verstecken Sie die Details in tief verschachtelten Dialogen, die bestenfalls noch zufällig gefunden werden. Die Wege dorthin sollten sich von Update zu Update ändern, sonst besteht die Gefahr, dass sich manche Anwender doch merken, wo die Einstellungen vorzunehmen sind.

Achten Sie darauf, dass Rückfragen und Bestätigungen nie abschaltbar sind, selbst wenn sie aus Sicht der Anwender noch so überflüssig und störend sind. Die Änderung von Verzeichnissen ist tabu. Ebenso die voreingestellte und in der Praxis völlig unbrauchbare Fenstergrösse und diese scheussliche Schrift.

Merke: Je häufiger eine Programmfunktion genutzt wird, desto weniger darf Sie vom Benutzer auf seine Wünsche und Bedürfnisse anpassbar sein. Unsinnige Vorgaben dürfen keinesfalls in sinnvolle geändert werden können.

Änderungen individueller Einstellungen sollten erst nach einem Neustart der Software aktiv werden. Noch besser ist natürlich der obligatorische Neustart des PCs, bei Installationen im Netzwerk selbstverständlich auch des Servers. Je lästiger es ist die Einstellungen zu ändern, desto seltener wird es gemacht.

Im Notfall: Es gibt besonders penetrante Benutzergruppen, die auf eine weitreichende und sehr individuelle Konfiguration der Programme bestehen. Für solche Plagen gibt es ein bewährtes und höchst wirksames Gegenmittel. Lassen Sie Einstellungen nur während der Installation zu. Will ein Anwender nachträglich etwas ändern, muss er zuerst das ganze Programm deinstallieren und danach komplett neu aufspielen. Wenn dabei auch noch Daten verloren gehen wird sich kaum jemand mehr als einmal auf das Abenteuer einlassen. Sie sind dennoch fein raus, denn Ihre Software *ist* individuell konfigurierbar.

Die individuell geänderten Konfigurationen sollten auch gespeichert werden.
Das heisst aber noch lange nicht, dass Änderungen beim nächsten Start gleich
wieder aktiv sind. So mit Komfort überfrachten müssen Sie Ihr Produkt nicht.
Ein gut verstecker Menüpunkt zum Laden der Einstellungen reicht völlig aus.

Bleibt die Frage, wie und wo Sie Einstellungen Ihres Programms speichern.
Frühere Generationen verwendeten dazu INI-Dateien, die oft im Programm-
Verzeichnis abgelegt wurden. Das hatte gleich zwei gravierende Nachteile:
Anwender konnten die Dateien erstens finden und zweitens selbst ändern.

> **Schlüssel zum Erfolg:** Einstellungen dürfen nie leicht auffindbar oder
> gar verständlich gespeichert werden. Niemals dürfen geänderte Einstellungen
> von ausserhalb des Programms zu bearbeiten sein. Schlimmstenfalls führt das
> dazu, dass ein wegen Fehlkonfiguration nicht mehr startendes Programm auch
> ohne komplette Neuinstallation wieder lauffähig gemacht werden kann. Kein
> Software-Hersteller, der etwas auf sich hält, würde etwas Derartiges zulassen.

Ein amerikanischer Fensterbauer, der seine Produktpalette auf die PC-Branche
ausgedehnt hat, erfand dazu eigens den geheimnisvollen Ort namens *Registry*.
Seitdem legen nicht nur die Betriebssysteme dieser Fensterfabrik, sondern
auch viele Anwenderprogramme ihre Konfigurationsdaten dort ab.

Entsprechend chaotisch sieht es dort aus, es ist ein riesiger binärer Müllplatz.
Die wirr verzweigte Struktur erleichtert das Verstecken von Daten, besonders
wenn Sie Ihre Einträge willkürlich über das undurchsichtige Geäst verteilen.

Struktur und Bezeichnungen der Registry-Bereiche entbehren jeder Logik.
Vieles findet man auch nach langer Suche nie, anderes findet man doppelt.
Kein Anwender findet sich darin zurecht. Wer gegen jede Vernunft selbst
Änderungen dort vornimmt gefährdet die Stabilität des gesamten Systems,
sofern man in dem Zusammenhang überhaupt von Stabilität sprechen kann.

Auch die Übertragung von Programmen samt deren Einstellungen auf andere
Computer ist dank der Registry so gut wie unmöglich. Damit ist diese Art der
Ablage von Einstellungen auch ein einfacher aber wirksamer Kopierschutz.

> **Insider-Wissen:** Gerüchten zufolge sind gut 90% der Registry-Einträge
> unnötig. Das meiste ist Füllmaterial, um neugierige Anwender abzuschrecken.
> Nur rund 2% sind wichtige Daten für Software-Einstellungen. Der Rest stellt
> vorallem für Hacker eine wahre Fundgrube dar. Unverschlüsselte Passwörter,
> Kreditkarten und Kontodaten, sowie Seriennummern laden zum Stöbern ein.

4.7 Die Software mit der Maus

Tastaturen sind Relikte des technologischen Mittelalters. Moderne Software wird ausschliesslich per Maus bedient. Gimmicks wie Funktionstasten, über die sich häufig benutzte Programmfunktionen bequem aufrufen lassen, oder gar Hotkeys für Menüs und einzelne Dialogelemente sind völlig out. Selbst eine sinnvolle Tab-Folge von Feldern in Eingabemasken wirkt bei heutigen grafischen Benutzeroberflächen steinzeitlich und anachronistisch.

Neuere Betriebssysteme und Programme beginnen bereits, die verbliebenen Hotkeys vor den Anwendern zu verstecken. Erst wenn man die Alt-Taste drückt werden unterstrichene Buchstaben in Menüs und Masken sichtbar. Noch zwei bis drei Updates, dann werden die Hotkeys ausgestorben sein.

Aus Sicht der Entwickler verständlich. Es ist eine lästige Aufgabe und kostet Zeit, in Menüs und Dialogen sinnvolle und einheitliche Hotkeys zu vergeben. Zudem sind viele Programmierer davon überzeugt, dass die Unterscheidung unterstrichener und nicht unterstrichener Buchstaben für die Mehrzahl ihrer Anwender eine unüberbrückbare intellektuelle Hürde ist.

♪ Merke: Hotkeys werden entweder mehrfach in einem Menü und Dialog vergeben, oder garnicht. Auf keinen Fall darf es passieren, dass eine Funktion per Tastatur einfach, bequem und ohne Verzögerung aufgerufen werden kann. Diese Erleichterung der Bedienung kann Anwendern nicht zugemutet werden. Ausserdem ändern sich Hotkeys bei jedem Update, um jeden Lerneffekt der Benutzer zunichte zu machen und Bedienkomfort konsequent zu vermeiden.

Zuwas überhaupt Hotkeys? PC-Anwender des 21. Jahrhunderts kleben doch förmlich an der Maus. Ohne dieses unförmige Plastikei, das in anatomisch fragwürdiger Haltung über den Schreibtisch geschoben wird, ist heute keine Computerarbeit mehr vorstellbar. Für die Folgen interessiert sich niemand.

Welch Triumph, wenn nach unzähligen Fehlversuchen der Mauscursor exakt positioniert ist. Was für ein Gefühl, wenn endlich genau das Pixel getroffen wurde, das die schon so lange herbeigesehnte Programmfunktion ausführt. Wer denkt in solchen Momenten noch an die graue Vorzeit zurück, als ein simpler Tastendruck dieselbe Programmfunktion zehnmal schneller aufrief.

◉ Seitenblick: Das umständliche und gesundheitsschädliche Gefummel mit der Maus dauert mindestens zehnmal länger als jede Tastenkombination. Darum haben wir trotz steigender Lebenserwartung immer weniger Freizeit.

Damit der Schaden für Leib und Leben der Anwender möglichst gross wird bekommen moderne Mäuse fast genauso viele Tasten verpasst, wie man den Programmen an Hotkeys zuvor entfernt hat. So wird sichergestellt, dass die Computernutzer nicht nur Halswirbelsäule, Schultern und Armen Schaden zufügen, sondern auch Handgelenke und Finger krankhaft krümmen. In der Folge entstehen Krankheitsbilder, für die es noch nicht einmal Namen gibt.

Positiv denken! Gesundheitsapostel predigen auf allen Kanälen, dass wir uns mehr bewegen sollen. Ohne Hotkeys ist viel mehr Bewegung mit der Maus nötig, um Programme zu bedienen. Sie sorgen für mehr Bewegung im Leben Ihrer Kunden und die sparen sich die teuren Beiträge für ein Fitness-Studio.

> **💰 Geldwerter Vorteil:** Gibt es einen Orthopäden in Ihrer Nachbarschaft oder Verwandtschaft? Einen Spezialisten für degenerierte Schultergelenke? In solchen Kreisen wird man sich gern mit Bargeschenken, Schmuck oder handlichen Goldbarren, sowie Fernreisen in die Karibik für Ihre tatkräftige Unterstützung und die Zuführung zahlreicher neuer Patienten bedanken.

Es wird sicher noch einige Generationen dauern, bis die Evolution die Form der menschlichen Hand an das Design einer PC-Maus optimal angepasst hat. Auch aufrechter Gang und SMS-Schreiben mit den Daumen brauchten Zeit. Indem Sie Programme entwickeln die nur mit der Maus sinnvoll bedienbar sind geben Sie wichtige Impulse für die Weiterentwicklung der Menschheit.

Die Zukunft der menschlichen Evolution

Natürlich ist das für die ersten Generationen etwas schmerzhaft. Aber man sollte nicht jammern, sondern das grosse Ziel vor Augen haben. Vorsichtig geschätzt dauert es vermutlich nur lächerliche zwei bis drei Millionen Jahre, bis die Menschen mit ideal zur Mausbedienung geformten Händen und nur drei Fingern für die beiden Maustasten und das Scrollrad geboren werden.

> **🏆 Ruhm und Ehre:** Wie wäre es mal mit Sprach- statt Maus-Steuerung? Was für interessante Effekte in Büros, wenn Programme mit gesprochenen Befehlen bedient werden. Vorbei ist diese frustrierende Stille am Computer, die Sprachlosigkeit der Menschen am Arbeitsplatz hat damit ein Ende. Und erst die vielfältigen Möglichkeiten des Mobbings! Ein lautes *„Alles löschen"* in Richtung Ihres Kollegen, schon ist dessen Tagwerk vernichtet. Herrlich!

4.8 Falsch verstandenes Verständnis

Nicht jeder Ihrer potentiellen Kunden wird Fremdsprachen wie Englisch oder Hochdeutsch beherrschen. Dennoch schränken Sie das Potential der Produkte unnötig ein, wenn Sie sie zu sehr auf Umgangssprache trimmen. Zumal nicht für alle Dorf-Dialekte dieser Welt qualifizierte Übersetzer verfügbar sind.

Daher eignen sich Programmtexte und Dokumentationen in bayrischer oder sächsischer Mundart nicht unbedingt für ein internationales Spitzenprodukt. Und auch wenn Statistiken zur Entwicklung der Menschheit anderes sagen, Software auf indisch oder chinesisch ist bei uns nur schwer verkäuflich.

> 🐖 **Praktische Lebenshilfe:** Dennoch sollten Sie sprachliche Eigenheiten regionaler Randgruppen beachten. Schliessen Sie bei der Vermarktung in der Schweiz jeden zweiten Satz mit *oderr* ab. Beachten Sie das wichtige zweite *r*. In einigen abgelegenen Regionen Württembergs ist die kunstvolle Ergänzung nahezu aller Sätze durch *danndahanna* (Kurzform *dahanna*) stark verbreitet. Das ist zwar alles völlig sinnlos, aber wer fragt bei Software nach dem Sinn?

Die Verwendung von Hochdeutsch, nach bestem Wissen und Gewissen aus dem Duden abgeschrieben, ist seit den blödsinnigen Rechtschreibreformen leider keine Hilfe mehr. Nimant weis mer wieh mann jezd richtik schreipd.

> 👁 **Seitenblick:** Mal ehrlich, so gesehen hatten die Reformen etwas Gutes. Jeder schreibt wie er will und wird trotzdem verstanden. Das wäre ohne den ausgemachten Humbug namens „Rechtschreibreform" nie möglich gewesen. Man sollte den Verantwortlichen dafür aufrichtig danken. Es zeigt ausserdem, dass es unserer Gesellschaft ausgesprochen gut geht. Wie sonst könnten wir unsere kostbare Zeit und unser Geld für so grandiosen Mist verschwenden? Eine Gesellschaft die *wirkliche* Probleme hat könnte sich das nicht erlauben!

Zurück zum Thema. Die Beschriftung von Dialogen und die Formulierung verständlicher Meldungen ist wichtig. Die gewählten Worte sollten einen Bezug zur Zielgruppe haben und emotionale Brücken zum Benutzer bauen.

Jüngere Anwender können mit der Meldung *„Ey Alter, Respekt! Sind deine Daten total platt, echt voll krass!"* etwas anfangen und sie richtig deuten.

Dieselbe Botschaft für die Zielgruppe der Prä-Senioren wird so formuliert: *„Die Daten haben ihre letzte Reise angetreten und warten nun in einer besseren Welt darauf, dass Sie Ihnen bald folgen."*.

An Englisch kommen Sie heute nicht mehr vorbei. Sie müssen es aber nicht verstehen, es genügt wenn Sie es benutzen. Das ist vermutlich der einzige Bereich, bei dem Sie und Ihre Kunden jemals auf derselben Ebene sind. Entwickler und Benutzer haben ein ausgeprägtes Halbwissen in Englisch. Dumm nur, dass jede Gruppe die jeweils andere Hälfte der Sprache kennt.

Ihre Englischkenntnisse stammen von technischer Literatur, und Sie kennen einige spezielle Fachbegriffe der Programmierung wie *if, for, next* und *goto*. Ausserdem spricht der Inder perfekt englisch, der bald Ihren Job doppelt so schnell für's halbe Gehalt erledigen wird. Aber das ist ein anderes Thema.

Das fremdsprachliche Wissen der Kunden beruht dagegen auf rudimentärer Verständigung an fernöstlichen Stränden und in gewissen Etablissements. Übersetzungen von *„Zu mir oder zu dir"* und *„Wieviel kostet es ohne"* in die Sprachen beliebter Urlaubsländer sind allen männlichen Anwendern bekannt, während Frauen eher auf Sätze wie *„Gibt es das auch in 38"* fokussiert sind.

☞ Schlüssel zum Erfolg: Verwenden Sie häufig englische Fachbegriffe. Sie müssen nur darauf achten, dass Ihr Gegenüber diese Begriffe nicht kennt. Um Erklärungen gebeten werden Sie nie, niemand gibt eigenes Unwissen zu. Kombinieren Sie Fremdworte zu neuen Konstruktionen, die zwar keinen Sinn ergeben, aber mächtig Eindruck schinden. Ideal ist es, wenn Ihr Produkt den *Risk-Level-Error* des Kunden mindert und gleichzeitig die *Net-Basic-Values* optimiert, sowie *Multi-Brain-Drain-Controlling* mittels *Cost-Average* bietet.

Wenn Sie Programmteile aus Kalkutta oder Leningrad zukaufen, was aus rein pragmatischen und wirtschaftlichen Gründen unbedingt anzuraten ist, werden darin viele nicht übersetzte Texte enthalten sein. Verschwenden Sie keine Zeit mit deren Übersetzung, sie verleihen Ihren Produkten internationalen Touch.

Die IT schuf eine neue Sprache, *Denglish*. Seitdem ist das PC-Desktop voller Client-Fenster, in der Tray-Ecke sind die Icon-Bilder der Benutzer-Tools und in der Shortcut-Leiste werden Enduser-Programme gelauncht. Daten werden in Edit-Feldern eingegeben und per Return-Taste bestätigt. Der Maus-Cursor verschiebt View-Bereiche im Haupt-Window per Scroll-Balken und auf das Server-Netz werden Programm-Updates und Daten-Files gedownloaded.

🗣 BlaBlaBla: Die Weltsprache von übermorgen ist *Vebalish*. Es steht für *very bad english* und garantiert, dass sich alle Menschen weltweit auf einem sehr niedrigen Niveau missverstehen. So what, where's the fucking problem?

4.9 Designed for Marketing

Kein Autobauer würde sein neustes Modell mit *„Entwickelt für sechsspurige Autobahnen"* bewerben. Keine Margarine wird mit *„Ideale Streichfähigkeit erzielen Sie auf den Brotscheiben von ..."* verkauft. Auch keine Nachmittags-Talkshow wird mit *„Besonders verständlich bei IQ unter 30"* angepriesen.

Ganz anders die Software-Industrie. Da werden Produkte schonungslos dafür beworben, dass sie speziell für eine bestimmte Version eines Betriebssystems entwickelt wurden. Oder dass Sie mit dieser Hardware besonders schnell und zuverlässig laufen. Gerade so, als wäre das der ultimative Beweis für Qualität.

Dabei bedeutet es nur, dass sich der Software-Hersteller in den Windschatten der Marktführer stellt und von deren Dominanz und Marktstellung profitiert. Rein wirtschaftlich betrachtet ein verständlicher und auch legitimer Vorgang. Dass das Ergebnis selten im Interesse der Kunden ist versteht sich von selbst. Aber seit wann kümmert sich diese Branche um die Interessen ihrer Kunden?

Schlüssel zum Erfolg: Eine goldene Zukunft haben Sie vor sich, wenn Sie ein *Designed for ...* Logo eines Marktführers erhalten. Es garantiert, dass Ihre Programme gänzlich frei von Innovation und individuellen Werten sind. Ihre Produkte sehen aus wie jede Dutzendware, werden genauso umständlich bedient, haben die gleichen Macken und stürzen an denselben Stellen ab.

Da in dieser schnellen Branche der Marktführer von heute schnell zum Loser von übermorgen werden kann, ist eine neutrale Formulierung überlegenswert. Das hat auch den Vorteil, dass Sie bei einem Wechsel des Monopolisten Ihre einprägsamen Slogans, Flyer und Verpackungen weiterverwenden können.

Denkvorlage: Textvorschläge für Ihre eigenen Marketing-Logos.
- Designed for Leaders   ◆ Optimized for your PC   ◆ Made for YOU
- Designed for the Best   ◆ Optimized for Future   ◆ Made for ALL

Um ein besonders breit gefächertes Publikum anzusprechen verwenden Sie einen Slogan wie *„Optimized for Dummies"* oder *„DAU-Zertifiziert"* (*).

 Insider-Wissen: *TÜV*-Zertifikate für Software bestätigen, dass es sich bei dem Produkt um eine *total üble V*erarschung handelt. Die *ASU*-Plakette erschliesst dagegen mit *a*ny *s*tupid *u*ser sehr umfangreiche Käuferschichten.

---

* *DAU = dümmster anzunehmender User*, also der ganz normale Anwender.

4.10 Der (un)mündige Anwender

Vom *mündigen Anwender* haben Sie schon gehört. Doch wer oder was ist das? Ein Geist? Ein Phantom? Wohl eher ein Phänomen. Denn obwohl es diesen *mündigen Anwender* nachweislich nicht gibt, bilden sich unzählige Anwender ein, genau das zu sein. Auch Ihre Kunden sind von dieser Krankheit befallen.

Wie soll man mit diesen armen Kreaturen umgehen? So wie die Politik mit *mündigen Bürgern* umgeht, indem sie ihnen per Gesetz *den Mund verbietet*. Jetzt wissen Sie auch, was *mündig* ursprünglich bedeutet hat. Leider können Sie keine Gesetze erlassen, aber Software-Lizenzverträge sind genauso gut.

> ♪ **Merke:** Lizenzverträge müssen häufig in Erinnerung gebracht werden. Besonders effektiv ist es, wenn Anwender bei jedem Programmstart erneut zustimmen müssen. Belassen Sie es aber nicht bei einem einfachen Klick. Bestehen Sie auf bedingungslose Unterwerfung der Sklaven, bezeugt durch die Eingabe von Text wie *„einverstanden"* und *„ja Meister, danke Meister"*.

Wichtig ist, dass Ihre Programme die Herrschaft über den PC an sich reissen. Mit aller Macht und aller Konsequenz. Dazu gehört auch, dass beim Start Ihr Firmenlogo angezeigt wird und alles überdeckt. Lang. Sehr lang. Brennen Sie Ihr Logo als Brandzeichen in die Bildschirme und Gehirne der Menschen ein.

Nehmen Sie die Benutzer von Anfang an fest an die Hand und lassen Sie sie nie wieder los. Wie kleine Kinder müssen sie geleitet werden und brauchen eine strenge Führung. Nichts anderes bedeutet der Begriff *Benutzerführung*.

> ♟ **Insider-Wissen:** Früher wurde noch von *Bedienerführung* gesprochen, und dass Software *bedient* wird. Aus psychologischen Gründen ist dagegen heute vom *Benutzer* die Rede. Gemeint ist in beiden Fällen aber Sklaverei.

Eine Methode Ihre Macht zu demonstrieren ist das Fixieren der Fenstergrösse. Immer zu klein, um den Inhalt ohne umständliches scrollen ganz zu sehen. So wird Ihr Programm stets aktiv wahrgenommen und sehr aufmerksam *bedient*.

> 🏆 **Ruhm und Ehre:** Zu kleine Fenster gibt es mittlerweile so oft, dass sie viele Anwender als ganz normal ansehen. Als Alternative bietet sich an, das Programm den gesamten Bildschirm ausfüllen zu lassen. Man kann es weder verkleinern noch in den Hintergrund stellen. Damit bekommt es zu jeder Zeit die volle Aufmerksamkeit. Nicht weniger hat Ihr Werk schliesslich verdient.

Achten Sie darauf, dass Ihr Programm an besonders wichtigen Stellen nie tut was der Anwender erwartet. Software, die alle Erwartungen erfüllt, ist nicht nur sterbend langweilig, sondern stumpft die Benutzer auch geistig ab.

Wenn ein Programm dagegen in unregelmässigen Abständen völlig abstruse Aktionen ausführt, die vom Sklaven, Entschuldigung, vom Anwender weder gewollt noch erklärbar sind, erhält das Produkt die Beachtung die es braucht.

> **Praktische Lebenshilfe:** Scham oder Mitleid sind völlig fehl am Platz. Sie brauchen sich keinerlei Vorwürfe machen, jeder bekommt im Leben was er verdient. Jeder. Früher oder später. Sie auch. Sie sind auch nur Anwender, wenn Sie Compiler und Editor *bedienen*. Dann erleben Sie die Welt aus Sicht eines ganz normalen Benutzers, das gleicht Ihr einseitiges Karma wieder aus.

Dazu passt eine Geschichte aus dem wahren Leben. Stellen Sie sich einen Entwickler vor, der als Autor einen neuen Stern für den Literatur-Himmel schreibt. Da sitzt er nun, der arme Tropf, und tippt seine geistigen Ergüsse. Fügt hier einen Absatz ein und dort ein Kapitel, verschiebt Texte an andere Stellen und stellt auch schon mal ganze Kapitelfolgen neu zusammen.

Was glauben Sie, wie oft wird es der Schreiberling dabei erleben, dass sich beim Bearbeiten seines Textes die Schriftarten, Attribute und Absatzformate so mit dem Text verschieben, wie er das will und eigentlich auch erwartet? Vermuten Sie, das passiert nur in ca. 10% der Fälle? Viel zu optimistisch ...

Wie oft passiert es ihm stattdessen, dass das Löschen einer Zeile auch gleich die Formatierung des folgenden Absatzes ändert? Dass Layouts an Stellen aktiv sind, an denen sie nie gewollt sind, dafür an den gewünschten Stellen einfach verschwinden, ohne jeden erkennbaren Grund? Oder dass ein eben noch vorhandener Kapitelumbruch aus heiterem Himmel verschwunden ist und zwei Seiten weiter an völlig unpassender Stelle wieder auftaucht?

Zumal der besagte und im Übrigen natürlich rein hypothetische Autor bis dahin felsenfest davon überzeugt war, dass das immer nur *anderen* passiert. 20 Jahre als Programmierer, und jetzt ist er *Bediener* einer Textverarbeitung, die ihm bei jedem Absatz dabei hilft, sein einseitiges Karma auszugleichen.

> **Mach mal Pause:** Dieser rein hypothetische Schriftsteller befindet sich vermutlich gerade auf einer ausgedehnten Erholungsreise in sehr abgelegene Gebiete fern der Zivilisation. Ohne Strom, ohne Computer, ohne Software ...

Zurück zu Ihnen. Erlauben Sie Benutzern keine sinnvollen Eingriffe in die Abläufe der Software. Selbst wenn manche Anwender der irrigen Meinung sind, dass eine Funktion anders viel schneller und besser auszuführen wäre. Seit wann interessieren sich Programmierer für die Meinung der Anwender? *[Diese Frage ist vermutlich die häufigste Wiederholung in meinem Buch.]*

Was muss ein Benutzer auch seine wertvolle Lebens- und Arbeitszeit damit vergeuden, Fenstergrössen, Schriften oder sonstige Abläufe des Programms ändern zu wollen. Er soll sich gefälligst auf seine Arbeit konzentrieren, denn die Zeit drängt, der nächste Absturz ist schon näher als er ahnt ...

Sie wissen, was das Beste für Ihr Programm und seine hilflosen Benutzer ist. Treten Sie für Ihre Überzeugung ein und setzen Sie sie kompromisslos durch. Je erfolgreicher Sie bereits am Markt etabliert sind und je grösser Ihre Macht und Ihre Monopolstellung schon ist, desto leichter werden Sie es dabei haben.

Seitenblick: Ferne Religionen haben das glaubende Volk in *Kasten* unterteilt. Praktisch, so wissen alle wo sie hingehören und sind aufgeräumt. Bei uns unterscheidet man die Menschen auf andere Weise. Soziologen und Demoskopen unterteilen die Menschen in *Ober-, Mittel-* und *Unterschichten*. Für Politiker und Manager gibt es dagegen nur *Wir da oben* und *Die da unten*. Auch in der IT-Branche genügen zwei Gruppen, *Anwender* und *Entwickler*.

Diese Aufteilung ist schon eine feine Sache. Und Sie wissen ja, dass Sie auf der *richtigen* Seite stehen, während Ihre Kunden auf der *anderen* Seite sind. Dass es aus deren Sicht ebenso ist braucht Sie nicht zu kümmern. Das ist die ganz normale Ignoranz und Arroganz der Unwissenden und Nichtsahnenden.

Die Technik ist schliesslich nur eine Facette in der Software-Entwicklung. Der andere und genauso wichtige Teil ist Psychologie. Sie brauchen Stärke und Selbstbewusstsein. Und den Willen, andere Meinungen konsequent zu ignorieren. Skrupel sind fehl am Platz, wenn Massen erfolgreich unterdrückt werden sollen. Egal ob in der Politik, in der Religion oder im IT-Business.

Schlüssel zum Erfolg: Eine professionelle Software sollte regelmässig geheimnisvolle Aktivitäten im Hintergrund ausführen. Plötzlich einsetzende minutenlange Festplatten-Zugriffe, aber auch Fenster und Meldungen, die so schnell wieder weg sind dass sie niemand lesen kann, sind geeignete Mittel. Auch gelegentliche langwierige „Wartungsarbeiten" beim Programmstart, die je nach Preisklasse des Programms ab 5 Minuten bis zu zwei Stunden dauern, hinterlassen bleibende Eindrücke bei den ehrfurchtsvoll staunenden Dienern.

---

5. Viehzucht und Gartenpflege

Ich muss Sie gleich zu Beginn eindringlich warnen. Kunden sind mit Abstand das Nervigste, das Ihnen in Ihrem beruflichen Umfeld jemals begegnen wird.

Nicht nur, dass dieser dreiste Personenkreis für Ihre Programme einen völlig überhöhten Preis zahlt. Damit könnten Sie ja gut leben, was sowohl wörtlich wie auch im übertragenen Sinn gemeint ist. Aber das genügt denen ja nicht! Anstatt die Software zu bezahlen und ruhig und zufrieden zu sein erwarten diese Plagen auch noch, dass das Programm ihren irrationalen Erwartungen entspricht und allen Ernstes fehlerfrei funktioniert. Damit fängt der Ärger an.

> **Merke:** Es gibt in unserem Universum Naturgesetze, die kein lebender Mensch jemals ändern wird. Sie müssen diese Tatsachen einfach hinnehmen. Wasser fliesst nach unten, ohne Licht wird es dunkel, Programme stürzen ab. Und eben auch: *Kunden sind niemals mit den gekauften Produkten zufrieden.*

Ein Gedanke ist unter diesen Umständen naheliegend und klingt verlockend. Entwickeln Sie ein Programm, das keine Anwender braucht! Nicht nur, dass Sie damit die leidigen Themen Dokumentation und Support vom Hals hätten. Sie würden auch nie in die unangenehme Situation geraten, einem zahlenden Kunden erklären zu müssen, warum das erworbene Programm statt den von Ihnen versprochenen Problemlösungen ständig nur neue Probleme schafft.

Der Nachteil wenn Sie keine Kunden haben ist, dass Sie keine Kunden haben. Das klingt viel komplizierter als es ist. Vielleicht wird es etwas verständlicher, wenn ich es so formuliere: ohne Kunden haben Sie keine *zahlenden* Kunden. Und wer finanziert dann Ihre Weltreisen, Ihr Haus, Ihr Auto, Ihr Boot? Eben, genau das ist das Problem. Nicht die fehlenden Kunden, das fehlende Geld. Die Frage ist also nicht *ob* Sie überhaupt Kunden brauchen, sondern *welche*.

> **Denkvorlage:** Zwei wichtige Kundengruppen für Software-Entwickler.
> 1. Millionäre und Milliardäre kaufen alles, Hauptsache es ist saumässig teuer. Es genügt völlig, wenn Sie ein Programm im 7-stelligen Preisbereich ein paar dutzend mal verkaufen. Dazu ein Wartungsvertrag, der monatlich so viel kostet wie Sie jährlich ausgeben, und schon geht es Ihnen relativ gut.
> 2. Geilgeizende Dummies kaufen alles, Hauptsache es ist saumässig billig. Sie verdienen zwar eher wenig pro Stück, aber dafür haben Sie Millionen meist einfach gestrickter Kunden mit häufig unterdurchschnittlichem IQ.

5.1 Nutztierhaltung

Ich möchte Ihr Verständnis, warum Kunden durchaus von Vorteil sein können, noch etwas vertiefen. Wagen wir zusammen einen Blick über den Tellerrand der IT-Branche und betrachten einen Landwirt, der Milchwirtschaft betreibt.

> **Denkvorlage:** Eine ländliche Idylle, Sonnenschein, glückliche Kühe.

Was müht sich dieser fleissige Bauer Tag für Tag ab! Er steht zu unchristlich frühen Zeiten auf um seine lieben Tiere zu füttern, während Ihresgleichen zu dieser Uhrzeit gerade durch die binären Rotlichtbezirke des Internets streift. Das tut er an jedem Tag des Jahres, auch an Sonntagen und an Weihnachten. Er füttert sie bei jedem Wetter, wenn die Sonne scheint und wenn es stürmt.

Ebenso kehrt das brave Bäuerlein jeden Tag den Mist seiner Tiere zusammen und sammelt ihn auf einem grossen Haufen vor dem Stall. Alle paar Tage verteilt er ihn dann auf seinen Feldern und den Strassen die dorthin führen.

Und wozu das alles? Um seine Tiere zu melken! Täglich, wieder und wieder, zur Urlaubszeit ebenso wie an Ostern und Silvester geben seine Tiere Milch. Alles geschieht freiwillig, weil er sie regelmässig füttert und sie das Melken angenehm empfinden. So, ich denke damit haben Sie das Prinzip verstanden. Beenden wir unseren kleinen Landausflug und setzen das eben Gelernte um.

Sie müssen Ihre Kühe, Verzeihung, Ihre Kunden regelmässig füttern und so melken, dass es ihnen Wohlwollen bereitet und sie *gern* gemolken werden. Beginnen wir beim Füttern. Keine Angst, dazu brauchen Sie nicht jeden Tag vor Sonnenaufgang aufstehen und in den Stall gehen. Als Futter genügen in der Presse gestreute Ankündigungen, welch tolle Programme Sie schon *bald* veröffentlichen, welches völlig revolutionäre Update *bald* erscheint, und was für innovative neue Funktionen darin *vermutlich* enthalten sein werden.

Ob Sie es glauben oder nicht, im Regelfall reicht das schon völlig aus. Eine grosse Herde dummer Kühe ... Oh das wird jetzt aber langsam peinlich, ich muss mich etwas besser konzentrieren ... eine Vielzahl bestens informierter und aufgeklärter Endanwender wird satt, zufrieden und für dumm verkauft.

> ✏ **Hot:** Gezielte Gerüchte in Internetforen wirken Wunder. Legen Sie sich schon im voraus einige dutzend Identitäten für Ihre reisserischen Postings zu. Auch professionelle Blogger (also arme Studenten) können Sie dazu anheuern.

Allein die freudige Erwartung macht schon sehr viele Anwender mental satt. So satt, dass ihr Gehirn für längere Zeit mit der Verdauung beschäftigt ist und an nichts anderes mehr denkt. Vorallem nicht daran, ob die Ankündigungen vielleicht zu hoch gegriffen sind oder ob es Alternativen auf dem Markt gibt.

 Denkvorlage: Büro-Idylle, künstliches Licht, glückliche Anwender.

Manchmal werden Nutztiere auch von ihren natürlichen Instinkten getrieben. Dann müssen Sie schon mal mit Rückfragen rechnen. Wann das neue Produkt erhältlich ist. Und wenn es da ist warum das in der Presse so bejubelte Feature nicht enthalten ist. Oder warum es zwar enthalten ist, aber nicht funktioniert.

Bei Unwetter: Was tut der Bauer mit dem Mist? Genau. Werfen Sie die Beschwerden und unangenehmen Anfragen auf einen Haufen. Wenn er gross genug ist dass sich die Fahrt lohnt bringen Sie alles zum Altpapier-Container. Damit halten Sie den Rohstoff-Kreislauf in Gang und Ihr Büro frei von Mist.

So wie jeder erfahrene Landwirt seinen Nutztieren ein paar Leckerli ins Heu gibt, etwa Wachstumshormone und Antibiotika, bringen Sie eben ab und zu ein neues Produkt oder Update auf den Markt. Schon sind wir beim Melken.

Das Schöne an dieser Art der Viehwirtschaft ist, dass es so viele verschiedene Methoden des Melkens gibt. Verkauf des Produkts, Installation und Schulung, Datenkonvertierung, Wartungsverträge, Fortbildungskurse und Support. So lassen sich dieselben Nutzkunden mehrfach und immer wieder neu melken.

Ich gebe zu, es ist nicht leicht das alles so zu gestalten, dass die Kunden nicht meckern und jammern, sondern es sogar noch als sehr angenehm empfinden. Das ist aber ein wichtiger Punkt, wenn Sie langfristig erfolgreich sein wollen. Je ergiebiger Ihre Zucht ist, desto weniger Arbeit macht die Bewirtschaftung.

Schlüssel zum Erfolg: Klotzen Sie, schaffen Sie scheinbaren Mehrwert. Überdimensionierte Verpackungen und Auslieferung auf vielen DVDs sind gängige Methoden, um kleinste Programme unters zahlende Volk zu bringen. So vervielfältigen Sie den gefühlten Umfang und Wert der Software. Ebenso wie obligatorische und kostenpflichtige Installations- und Einführungskurse. Je teurer Verträge für Wartung und Support sind, desto wertvoller wird das Produkt. Im Idealfall löst Ihr Programm ein bis zwei Probleme Ihrer Kunden. Das reicht völlig, um nachhaltige Glücksgefühle auszulösen. Wenn Sie dafür genauso viele neue Probleme schaffen entsteht ein perfekter Kreislauf.

Es ist bekannt, dass die meisten Programmierer noch niemals einen lebenden Anwender gesehen haben. Viele gehen auch davon aus, dass es besser so ist, da ein persönlicher Kontakt für beide Seiten unabsehbare Folgen haben kann.

Ein Bild dieser Wesen vor Augen zu haben bietet dennoch gewisse Vorteile. So erleichtert es den manchmal leider nötigen telefonischen Kontakt, wenn man eine gewisse Ahnung davon hat, wer am anderen Ende der Leitung ist.

Es trägt auch sehr zum Verständnis der Ängste und Sorgen Ihrer Kunden bei. Natürlich wird dieses Verständnis nichts an Ihrem Verhalten ändern, aber Ihr geheucheltes *„Das kann ich gut verstehen"* bekommt einen netteren Unterton.

🌴 **Mach mal Pause:** Machen Sie doch mal Urlaub auf einem Bauernhof. Dieses Umfeld bietet neben Entspannung und Erholung praktische Beispiele, wie man verschiedene Nutztiere mit geringem Aufwand artgerecht hält. Sie werden feststellen, dass sich mit etwas Phantasie nicht nur die aus dem Vieh hergestellten Produkte, sondern sogar die Viehhaltung selbst vermarkten lässt.

Vielleicht haben Sie beim aufmerksamen Lesen der letzten Seiten schon eine gewisse Ahnung davon bekommen, wie er aussehen könnte, der Anwender. Vermutlich liegen Sie damit garnicht falsch, denn eine ausgeprägte Phantasie, gepaart mit etwas Realitätsverzerrung, zeichnet die Software-Branche ja aus.

Dennoch hat jeder Programmierer sein eigenes Bild vom Anwender, das aber trotz der vielfältigen Vorstellungen auch gewisse Gemeinsamkeiten aufweist.

🎓 **Praktische Lebenshilfe:** Nach gut zwei Jahrzehnten intensiver Studien und zahlreichen Kontakten mit echten lebenden Anwendern ist es geschafft. Erstmals ist es mir gelungen, die wesentlichen Merkmale und artspezifischen Gemeinsamkeiten dieser Lebensform in nur einem einzigen Bild zu vereinen. Sehen Sie exklusiv, wie sich die Programmierer einen Anwender vorstellen.

Anwender aus Sicht der Programmierer

Allerdings kann sich kaum ein Software-Entwickler vorstellen, dass auch die Anwender eine klare Vorstellung davon haben, wie Programmierer aussehen.

Dieses Bild in den Köpfen ist natürlich ebenso diffus und vielfältig. Zudem ist es stark geprägt durch die Erfahrungen der Betroffenen mit PCs und Software. So wie jedes Vieh den Bauer, der es melkt, ein klein wenig anders betrachtet, haben Anwender ein anderes Bild von den Schöpfern komplexer Software.

Merke: Leider hat dieses Bild so garnichts mit dem gemeinsam, wie wir Softwerker uns gern selbst sehen, sei es im Spiegel oder in unserer Einbildung. Wir sind in den Augen der anderen keine Magier, nicht einmal Künstler, erst recht keine Helden, die die Welt beim Jahrtausendwechsel vorm Untergang bewahrt haben. Es ist traurig aber wahr, wir werden leider völlig verkannt.

Nur durch lange und intensive Gespräche, häufig nach Mitternacht, ist es mir gelungen, einigen Anwendern ihre Vorstellung über Aussehen und Herkunft von Programmierern zu entlocken. Natürlich habe ich ihnen dabei strengste Diskretion zugesagt, denn nicht wenige befürchteten, dass ihre Äußerungen negative Auswirkungen auf die Qualität künftiger Updates haben könnten.

Zur Vervollständigung dieses Bilds durfte ich vertrauliche Unterlagen von Psychiatern und umfangreiche Archive in Nervenheilanstalten auswerten. Auch wenn diese Dokumente durchweg anonymisiert vorlagen ergab sich daraus ein konkretes Bild, wie der typische Programmierer gesehen wird.

Insider-Wissen: Die gefundenen Informationen enthalten eine gewisse Brisanz, vor deren Verbreitung ich mich eingehend mit Psychologen und Anwälten beraten habe. Ich entschloss mich dennoch zur Veröffentlichung, selbst auf die Gefahr hin, dass danach nichts mehr so sein wird wie es war. Sehen Sie hier, exklusiv als Weltpremiere, das Bild eines Programmierers.

Programmierer aus Sicht der Anwender

5.2 Aufzucht und Pflege

Neue Kunden zu bekommen ist das eine. Sie langfristig zu halten das andere. Neukunden fangen Sie durch Messeauftritte, Kampagnen in den Medien, Gratis-Lockangebote in Bahnhöfen und Fussgängerzonen, Werbebanner auf Porno-Webseiten und Versenden von CDs an alle Haushalte des Kontinents.

Auch der Aufbau eines speziellen Vertriebsteams kann mitunter nützlich sein. Das können ruhig auch auffallend unauffällig gekleidete Menschlein sein, die sich mit der Installationsanleitung Ihrer Software an viel befahrenen Strassen und stark frequentierten öffentlichen Plätzen postieren. Dort halten sie allen Passanten das Heftchen mit mahnendem Blick als reine Heilslehre entgegen.

> ♟ **Insider-Wissen:** Zwar gilt in der Werbung und im Vertrieb der Spruch *Auffallen um jeden Preis.* Doch das ist in Wirklichkeit nichts als Ablenkung. Ein auffallend unauffälliges Vertriebsteam, das Fachpresse, Fernsehstationen und politische Gremien unterwandert und infiltriert, arbeitet viel effizienter. Etwas Lobbyarbeit hier, ein bischen Bestechung dort, schon läuft es rund.

Der Idealfall ist freilich, dass neue Kunden in Scharen zu Ihnen strömen, weil ihnen gar keine andere Wahl bleibt. Weil sie Ihr Produkt einsetzen müssen, ob sie es wollen oder nicht. Entweder weil es schlicht keine Alternative gibt, oder weil einer Branche, besser der gesamten Wirtschaft Ihr Produkt mit staatlicher Macht aufgezwungen wird. So wird ein Programm über Nacht zum Bestseller.

> ◉ **Seitenblick:** So etwas funktioniert nur in einer Diktatur? Keineswegs. Ein bemerkenswertes Beispiel aus einem gemeinhin als relativ demokratisch bekannten Land dient der Übermittlung von Steuerdaten an die Finanzämter. Diese Software wurde, überaus passend wie ich finde, nach einem diebischen Vogel benannt. Die Machthaber bestimmten per Gesetz, dass die Software von allen Firmen einzusetzen ist. Und so fand das Produkt massenhaft Anwender.

Natürlich ist dieser Weg nur sehr wenigen Software-Entwicklern vorbehalten. Nahe Verwandte auf Regierungsebene könnten helfen, sind aber eher selten.

> ♛ **Ruhm und Ehre:** Streben Sie immer eine monopolartige Stellung an. Wie Sie die erreichen, ob mit den üblichen fiesen Tricks des Marketings oder mit staatlicher, notfalls auch militärischer Unterstützung, ist eher zweitrangig. Der Zweck heiligt die Mittel, auch in dieser Branche. Wenn es gar um einen *höheren Zweck* geht ist jedes Mittel recht. Je höher Sie selbst kommen, desto mehr steigt Ihr Einfluss darauf, was als dieser *höhere Zweck* angesehen wird.

Ohne politischen Einfluss ist Ihr Weg zwar etwas beschwerlicher, aber auch dann gibt es Mittel und Wege, eine Schar treuer Kunden dauerhaft zu halten.

Kunden wollen verstanden und umsorgt werden, wollen dass man ihrem nie enden wollenden Gejammer zuhört. Erschreckend viele zahlende Anwender erwarten sogar, dass man ihre lächerlichen Problemchen nicht nur versteht, sondern auch noch löst. Natürlich erkennen Sie, wie kindisch naiv diese Erwartungen sind, aber dummerweise ändert das nicht die Realität.

Also brauchen Sie, zum wiederholten mal, eine Strategie. Bitte, hier ist sie. Lenken Sie Ihre Kunden ab, beschäftigen Sie sie. Wie bei kleinen Kindern, kaum gibt man ihnen etwas zum Spielen, schon herrscht Ruhe im Laufstall. Pressemitteilungen, bunte Prospekte, Werbemails und regelmässige Besuche Ihrer Verkäufer halten die lästige Brut erstens still und zweitens bei Laune.

🐀 **Praktische Lebenshilfe:** Geben Sie Ihren Kunden das Gefühl gehört zu werden. Dazu genügt ein Anrufbeantworter und eine 0900 Mehrwertnummer. Ihre Kunden fühlen sich verstanden und können sich ausjammern, Sie haben Ruhe und verdienen auch noch Geld dabei. Die perfekte Win-Win Situation.

Einen nachhaltig positiven Eindruck hinterlassen Sie, wenn Sie Ihre Kunden aktiv in die Entwicklung Ihrer Software mit einbeziehen. Der einzelne Kunde sollte dabei den Eindruck haben, dass Sie ihn ganz bewusst auserwählt haben, um nur mit ihm zusammen das Produkt zu erweitern und stetig zu verbessern.

Ihr zusätzlicher Aufwand dürfte bei sorgfältiger Planung überschaubar sein. Denn erstens machen Sie das mit zahlreichen Ihrer Kunden so, und zweitens ist die Mehrzahl Ihrer Kunden einfach gepolt und will meistens das Gleiche. Sie entwickeln die Funktion *einmal* und preisen sie allen beteiligten Kunden als *individuelles und extra nur für diesen Kunden* entwickeltes Feature an.

Für die Sonderstellung wird Ihnen fast jeder Kunde gern eine extra Gebühr bezahlen, zusätzlich zu Ihrem sowieso schon überteuerten Wartungsvertrag. Die individuelle Beschäftigung bedarf eben einer individuellen Berechnung. Selbst wenn die Rechnungsnummer das einzig wirklich individuelle daran ist.

💰 **Geldwerter Vorteil:** Tun Sie niemals etwas umsonst für Ihre Kunden. Aus dreierlei Gründen: erstens würden Sie daran nichts verdienen. Zweitens gehört es zum gefestigten Weltbild der meisten Anwender, dass was nichts kostet auch nichts wert ist. Und drittens, wenn sich das erst mal rumspricht ...

5.3 Telefonseelsorge

Natürlich ist es aus Ihrer Sicht ein äusserst unwahrscheinlicher Fall, dass sich Kunden wegen Programmfehlern an Sie wenden. Dennoch sollten Sie darauf vorbereitet sein. Auch seltene Ausnahmen und statistische Abweichungen haben die unangenehme Eigenschaft, hin und wieder doch real zu passieren.

> **⚡ Merke:** Probleme Ihrer Kunden mit Ihren Programmen haben für Sie in etwa dieselbe Relevanz wie das Aussterben einer seltenen Nacktschneckenart im Amazonasbecken oder die Neigungswinkel der Gänge in Termitenhügeln. In der Öffentlichkeit müssen Sie das jedoch ein klein wenig anders darstellen, sonst kommen Sie am Ende noch in den Verruf, gleichgültig zu sein.

Rein statistisch ist die Zahl der sich bei Ihnen beschwerenden Kunden gering. Besonders wenn Sie die Zahlen ins richtige Verhältnis setzen. Wenn Sie z. B. die Anzahl der Beschwerden ins Verhältnis zur Weltbevölkerung setzen wird das Ergebnis so minimal sein, dass sich Support im Grunde garnicht lohnt.

Ungeachtet aller statistischen Tricks wird eine umfassende Betreuung seitens der Kunden vorausgesetzt. Meist in Form einer rund um die Uhr erreichbaren telefonischen Hotline und einem blitzschnell antwortenden Mailsupport.

Aus Sicht der Anwender wäre es ideal, wenn sie dort neben Auskünften zum Programm auch gleich noch Flüge buchen, Theaterkarten reservieren und das Tagesmenü beim örtlichen China-Heimservice bestellen könnten. Typisch.

Da Programmierer die Welt aber nicht aus den Augen der Kunden betrachten könnte Ihnen das alles sowas von egal sein. Und dann könnte das Kapitel hier schon zuende sein, denn eine Unterstützung für Ihre Anwender wäre unnötig. Ach wenn der letzte Satz nur nicht diese *könnte* und *wäre* enthalten *würde* ...

Telefonischer Support sollte ausschliesslich über teure Mehrwert-Nummern zugänglich sein. Darauf bin ich ja bereits mehrfach eingegangen, die Details sind Ihnen also bekannt. Die hier üblichen Vorwahlen sind den Anwendern aus dem Nachtprogramm der Unterschichten-Sender ebenso bekannt, so dass die psychologisch Hürde unbekannter Vorwahlnummern schon mal wegfällt.

> **👁 Seitenblick:** Finanzielle Ausnutzung teils minderbemittelter Menschen, die sich zudem gerade in einem kaum zurechnungsfähigen Zustand befinden, ist das erschreckend erfolgreiche Geschäftsprinzip einiger privater TV-Sender. Auf demselben Prinzip beruhen die telefonischen Hotlines der EDV-Branche.

Achten Sie auch auf ein korrektes Antwortverhalten der Hotline. Zu Beginn benötigen Sie eine Warteschleife mit möglichst primitiver Hintergrundmusik. Dann erwarten die Anrufer eine langatmige und unverständliche Ansage, die dem Gespräch vorgeschaltet wird, während der Gebührenzähler schon tickt.

Danach folgt ein Sprachsystem, das mit der Stimme gesteuert werden kann. Ideal ist es, wenn Anrufer mit simplen Schlüsselwörtern Produkte bestellen und einen lebenslangen unkündbaren Wartungsvertrag abschliessen können. Verwenden Sie dazu kurze und prägnante Worte wie *„äh"*, *„ja"* und *„nein"*.

Erst zuletzt wird dem Anrufer erklärt, dass durch langsames und deutliches sprechen von *„Ich möchte bitte bitte einen Berater sprechen, vielen Dank"* auch eine Weiterschaltung zu einem echten lebenden Menschen möglich ist. Die Spracherkennung darf nicht vor dem dritten Versuch funktionieren, und nach jedem Fehlversuch beginnt die gesamte Bandansage wieder von vorne.

💰 **Geldwerter Vorteil:** GEMA-Gebühren für die Warteschleifen-Musik können Sie sparen. Gibt es in Ihrem privaten Umfeld ein Kind, das gerade Blockflöte lernt? Oder in der Nacht jaulende Katzen in der Nachbarschaft? Schon haben Sie die perfekte Vorlage für gebührenfreie Hintergrundmusik.

Das Personal der Hotline muss natürlich auf die akute Not und das persönliche Elend der Anrufer vorbereitet sein. Dazu braucht es entweder ein ausgeprägtes psychologisches Einfühlungsvermögen, oder als Alternative eine ebenso stark ausgeprägte Gleichgültigkeit gegenüber Sorgen und Nöte anderer Menschen.

Natürlich erwarten Ihre Kunden, dass die Mitarbeiter des Supports freundlich, gebildet und zuvorkommend sind. Beim Einsatz von Bildtelefonen und Web-Cams wird auch ein ansprechendes und reizvolles Aussehen vorausgesetzt. Jung, attraktiv, aufmerksam, fachlich kompetent und hilfsbereit. Das ist das Mindeste, was Ihre Kunden unter einem idealen Supportteam verstehen.

Support-Team in der Vorstellung Ihrer Kunden

Die häufige Forderung, dass Supportteams mit erfahrenen und sachkundigen Personen besetzt sein sollten, ist jedoch blanker Unsinn. Fachwissen oder gar KnowHow aus der Branche Ihrer Kunden wäre Perlen vor die Säue geworfen.

Viel sinnvoller sind Berater mit einem tendenziell niedrigen geistigen Level, damit sie sich mit Ihren Kunden auf der gleichen Ebene unterhalten können. Dabei spielen weder Herkunft noch Bildung oder gar Aussehen eine Rolle.

Supportteam wie es wirklich aussieht

Ich gebe zu, es gibt hinsichtlich der gezeigten Personen einige Unterschiede zwischen den Vorstellungen der Anwender und der brutalen Wirklichkeit. In der Praxis spielt das aber keine Rolle, dafür sind die Unterschiede zu gering. Ausserdem wird die Software-Branche niemals Vorstellungen gerecht, die andere an sie haben. Wahnvorstellungen zahlender Kunden erst recht nicht.

Schlüssel zum Erfolg: Für telefonische Hotlines ist die Erreichbarkeit von entscheidender Bedeutung. Eine professionelle Hotline ist an max. zwei Tagen pro Woche und dann auch immer nur für ca. zwei Stunden erreichbar. Keinesfalls Montags und Freitags, an diesen Tagen treten erfahrungsgemäss die meisten Probleme auf. Auch sollten die Zeiten möglichst nicht innerhalb der Arbeitszeit Ihrer Kunden liegen. Sollen sie die Probleme, für die sie ja sowieso meist selbst verantwortlich sind, gefälligst in ihrer Freizeit lösen.

Wenn Sie auch Support- und Wartungsverträge anbieten empfehle ich Ihnen eine Klausel, die die Laufzeit bei jedem Support-Anruf neu beginnen lässt. Damit sichern Sie sich ein bekömmliches Auskommen bis zu Ihrer Rente.

Ruhm und Ehre: Hohe Wertschätzung in der Branche bekommen Sie, wenn Sie für andere Software-Hersteller den Support gleich mit übernehmen. Dass deren Produkte bei Ihnen niemand kennt spielt überhaupt keine Rolle, die Mitarbeiter Ihrer Hotline kennen ja nicht mal die hauseigenen Produkte.

Kunden, die die Hotline belästigen, behaupten sowieso fast immer dasselbe. Es genügt daher völlig, wenn Support-Mitarbeiter auf die drei in 99% aller Problemfälle vorgetragenen Behauptungen der Kunden reagieren können:

1. *Gestern ging's noch*
2. *Ich habe garnichts gemacht*
3. *Ihr Programm ist an allem schuld*

Waren Sie schon mal im Support tätig? Und haben Sie jemals etwas anderes gehört von den Anrufern als diese Sätze? Vermutlich nicht. Daher lässt sich die nervige Arbeit an der Hotline auf ein paar wenige Antworten optimieren, die zwar keine Probleme lösen, aber branchenüblich und damit Standard sind.

> **BlaBlaBla:** Gönnen Sie sich ruhig mal den Spass und rufen Sie bei der Hotline irgendeines von Ihnen benutzten Programms an. Sie brauchen keine Probleme oder Fehler schildern, sagen Sie einfach nur einen der obigen Sätze. Sie setzen damit am anderen Ende der Leitung einen Automatismus in Gang und hören einen Schwall auswendig gelernter Luftblasen, dass es eine wahre Freude ist. Notieren Sie sich diese Antworten, mehr müssen Sie nicht wissen.

Daraus ergeben sich drei wichtige Grundsätze, die bei der Beantwortung von Hilferufen verzweifelter Anwender möglichst eingehalten werden sollten:

1. *Nur Floskeln und Textbausteine statt individueller Antworten*
2. *Die Antwort hat fast nie etwas mit der gestellten Frage zu tun*
3. *Die Antwort löst das Problem nie, schafft höchstens ein neues*

> **Praktische Lebenshilfe:** In sehr hartnäckigen Fällen hat es sich bewährt, Verständnis zu heucheln und auf ein *bald* kommendes Update zu verweisen. Hat der Kunde eine Lösung in Aussicht ist er ruhig und Sie haben Ihre Ruhe.

Sie sollten auch auf haarsträubende Reaktionen der Kunden vorbereitet sein. Wundern Sie sich nicht, wenn Anweisungen wie *„Drücken Sie bitte auf OK"* mit *„Jetzt hab ich einen hässlichen Fingerabdruck auf dem Bildschirm, aber die Meldung ist immer noch da"* beantwortet werden. Auch die Aufforderung *„Schliessen Sie das Fenster"* wird gern mit *„Das ist schon zu, wir haben eine Klimaanlage"* beantwortet. Das ist ganz normal, die Menschen sind so.

> **Denkvorlage:** Seien Sie sich bitte stets der folgenden Tatsache bewusst: Bei Problemen mit Ihrer Software ist der Kunde selbst schuld. Immer. Punkt.

5.4 Unkraut jäten

Früher oder später werden Sie die Erfahrung machen, dass es nicht nur gute und wohlerzogene Kunden auf dieser Welt gibt. Nicht nur solche, die sofort jede Rechnung bezahlen, jedes noch so unnötige Update bestellen und ohne jede nachweisbare Hirnaktivität überteuerte Serviceverträge unterschreiben.

Es gibt sogar Kunden, die Ihre an Zumutung grenzenden Betaversionen nicht demütig als technische Innovation über sich ergehen lassen. Nein, diese Sorte Mensch erwartet stattdessen Lösungen. Sogar funktionierende Lösungen!

Solche Plagen werden Sie und Ihre Programme für jegliches Missgeschick verantwortlich machen, das in ihrem Umfeld passiert. Ganz gleich was auch geschieht, ob die hochbetagte Festplatte den Geist aufgibt oder die Katze des Nachbarn überfahren wird, man wird Ihnen die alleinige Schuld dafür geben.

Besonders dreiste Vertreter dieser Gattung werden Worte wie *Fehlerbehebung* oder *Preisnachlass* benutzen, mit *Entschädigung* und *Schadensersatz* drohen. Eine Frechheit, was man sich als Software-Hersteller alles bieten lassen muss.

⚡ Bei Unwetter: Ruhig, ganz ruhig! Es gibt keinen Grund zur Panik. Sie lesen einen Ratgeber, der für alle Situationen Hilfe bietet und Trost spendet. Alles im Leben hat nun mal seine Schattenseiten. Jede Suppe enthält ein Haar und jeder noch so schöne und erfüllende Beruf hat unangenehme Momente. Aber Sie sind stark, sehr stark! Sie werden die Schwierigkeiten meistern, die Hindernisse überwinden, die Probleme lösen. Oder notfalls einfach ignorieren.

Sie müssen sich also leider auf den einen oder anderen Querulanten einstellen. Auf ewig nörgelnde Weltverbesserer, die ständig nur meckern und mit nichts, aber auch überhaupt nichts zufrieden sind. Die alle paar Tage den Support mit dämlichen Fragen belästigen und die Rechnungen nicht pünktlich begleichen.

Solche Kunden sind wie Unkraut in gepflegten Gärten. Ein Schandfleck, der blühende Blumenbeete verunstaltet und das Auge des Betrachters beleidigt. Aber so wie jeder fleissige Gärtner geeignete Mittel gegen Löwenzahn und Disteln kennt gibt es auch für solche Unkunden sehr wirksame Gegenmittel.

⚒ Insider-Wissen: Einige dieser Quälgeister sind in Wirklichkeit von der Konkurrenz bezahlte Agenten. Aber auch Verbraucherschutz-Verbände und selbsternannte Enthüllungs-Journalisten sind gern auf diese perfide Art tätig. Nicht zuletzt deshalb ist der richtige Umgang mit diesen Unpersonen wichtig.

Dazu brauchen Sie auch nicht die Giftabteilung des Gartencenters aufsuchen. Es genügt völlig, solche Kunden immer wieder aufs neue auflaufen zu lassen, bis sie von selbst die Segel streichen. Je nach Ausprägung von Penetranz und Geduld, mitunter auch je nach Naivität des Kunden braucht sowas seine Zeit. Währenddessen ignorieren Sie diese impertinente Person eben so gut es geht.

> **Merke:** Konsequentes Ignorieren von Kunden und deren Anliegen hat nicht das Geringste mit Arroganz, Hochmut oder mit Überheblichkeit zu tun. Sie sind auch kein schlechter Mensch, nur weil Sie sich für die Wünsche und Bedürfnisse Ihrer zahlenden Kunden einen feuchten Dreck interessieren. Das gehört einfach zu den ganz normalen Spielregeln dieser Branche. Das ist so.

Dass Sie Mails solcher Kunden niemals beantworten versteht sich von selbst. Bei telefonischer Nachfrage sind Sie bedauerlicherweise gerade im Meeting oder auf Geschäftsreise. Für den eher seltenen, aber dann mitunter kritischen Fall, dass ein Kunde plötzlich leibhaftig vor Ihrer Tür steht benutzen Sie bitte den Hinterausgang, wo stets ein vollgetankter Fluchtwagen geparkt sein sollte.

> **Praktische Lebenshilfe:** Zum Abwimmeln unerwünschter Anfragen per eMail haben sich autom. Antwortmails mit Texten wie *„Adresse unbekannt"* oder *„Ihre Mail wurde als unerwünscht klassifiziert und gelöscht"* bewährt. Gehen Nörgler zu Telefonterror über sollte ein perfides System von Ansagen und Weiterleitungen für stundenlange Beschäftigung und Ablenkung sorgen. Schafft es dennoch jemand bis zu Ihnen durchzudringen zeugt das von einem ausgesprochen starken Durchhaltevermögen und von viel aufgestautem Frust. Da in solchen Situationen kein vernünftiges Gespräch mehr möglich ist leiten Sie den Anruf am besten zur Telefonseelsorge oder Bahnhofsmission weiter.

Zudem werden Sie früher oder später mit der Tatsache konfrontiert, dass auch bisher folgsame und handzahme Kunden zum Spielverderber werden können. Und das nur, weil ein Update Ihrer Software deren Firma für Tage lahmlegt. Schon erstaunlich, was solche Kleinigkeiten aus Menschen machen können.

> **Schlüssel zum Erfolg:** Manchmal ist ein Punkt erreicht, ab dem es sich aus rein praktischen, aber auch aus ethischen Gründen nicht mehr lohnt einen Kunden noch länger zu ertragen. Das ist spätestens dann der Fall, wenn Ihre seelisch-geistige Balance ins Wanken gerät und Sie anfangen nachzudenken, ob man dem Kunden bei seinem Problem nicht vielleicht doch helfen sollte. Spätestens jetzt ist es Zeit diesen Kunden zur Konkurrenz zu schicken. Dann sind Sie ihn los und Ihr Mitbewerber hat einen Problemfall mehr an der Backe.

5.5 Kunden brauchen Grenzen

Kunden sind wie Kinder. Beide brauchen Erziehung. Beide glauben viel und wissen fast nichts. Beide erwarten alles zu bekommen, und zwar sofort und umsonst. Beide denken sie haben nur Rechte und nie Pflichten. Beide irren.

Eigentlich ist es ja Ihr Job, Software und entwickeln und zu verkaufen. Und nicht die groben Fehler und haarsträubenden Versäumnisse der Eltern ihrer Kunden nachzuholen. Manchmal bleibt Ihnen aber nichts anderes übrig als diesen Menschen zum vielleicht ersten mal im Leben Grenzen zu setzen.

> **♣ Merke:** Setzen Sie Grenzen und halten Sie sie unter allen Umständen konsequent ein. Wo diese Grenzen sind bestimmen Sie und nicht die anderen. Ausnahmen gibt es höchstens in diesen drei Fällen: garnicht, nie und niemals.

Wir alle kennen es, das kleine Kind mit seiner Mutti im Supermarkt. Wie es schreit und quengelt, alles betatscht und sämtliche Süssigkeiten in Sichtweite fordert. Andere Kunden und Verkäufer sind tierisch genervt und flüchten, nur die Mutti scheint immun gegen das Gekreische, vermutlich ist sie längst taub.

Das Schlimmste: die Brut hat meist Erfolg damit und bekommt was sie will. Mit Erziehung hat das nicht mal mehr ansatzweise etwas zu tun. So züchten diese Eltern eine Generation von Egoisten und bei der Vorstellung was das mal für Erwachsene gibt möchte man am liebsten den Planeten verlassen.

So sind Ihre Kunden entstanden! Sie haben von Kind an gelernt, dass sie nur lange und laut genug schreien müssen um alles zu bekommen was sie wollen. Erziehung prägt den Charakter und formt den Mensch. Keine Erziehung auch.

Versuchen Sie wenigstens den kleinen Rest zu retten, der noch zu retten ist. Indem Sie sich den Wünschen und Forderungen Ihrer Kunden so konsequent verweigern, wie es schon in deren Kindheit nötig und richtig gewesen wäre.

Natürlich werden Sie diese oft seit Jahrzehnten eingespielten und erprobten Verhaltensmuster nicht nachhaltig ändern, dazu ist es längst zu spät. Aber Sie müssen sich, Ihre Firma und Ihre seelische Balance vor den Ego-Terroristen schützen. Wenn Sie denen auch nur einmal nachgeben haben Sie verloren, dann kommen die immer wieder und fordern jedes mal immer noch mehr.

> **☛ Praktische Lebenshilfe:** Stellen Sie sich beim Kundengespräch vor, wie sich Ihr Gegenüber vor dem Süssigkeitenregal die Seele aus dem Leib schreit. Das hilft Ihnen zu verstehen, warum Ihr Kunde so wurde wie er ist.

Natürlich dürfen und sollen Sie ab und zu auch mal nachgeben, mal *ja* sagen. Auch das ist ein wichtiger Bestandteil jeder Erziehung. Lob und Belohnung prägen und formen genauso nachhaltig wie Strafe und Ablehnung. Aber es sollte dafür immer einen Grund geben. Jede Belohnung muss verdient sein.

Als Programmierer haben Sie dazu wunderbare Gelegenheiten. Zum Beispiel Updates, die durchaus mal neue und für den Anwender nützliche Funktionen enthalten *können*. Natürlich nicht immer und nicht zu viele, die Dosierung ist wichtig. Ab und zu ein bischen, für das kleine Glücksgefühl zwischendurch.

Ebenso *können* Sie hin und wieder auf einen kleinen Teil der individuellen Wünsche Ihrer Kunden eingehen und sie tatsächlich erfüllen, statt es immer nur zu versprechen. Aber auch hier ist eine geschickte Auswahl nötig, damit Sie das Anliegen erfüllen, das dem Kunden möglichst viel nützt, aber Ihnen am wenigsten Arbeit macht. Im Zweifelsfall hat letzteres natürlich Vorrang.

Aber bitte nie sofort! Im Idealfall sollten Ihre Kunden in Tränen aufgelöst vor Ihnen knien, Sie anbetteln und anflehen, und Ihnen 250% der veranschlagten Kosten im Voraus und in bar bezahlen, damit Sie es sich *vielleicht* überlegen.

Idealposition für Kunden

Zum Abschluss dieses Kapitels muss ich Sie noch vor einem Fehler warnen. Ganz gleich was und wieviel Gutes Sie Ihren Kunden tun, egal wie Sie sich engagieren, wieviele Stunden Ihrer Lebenszeit Sie ihnen opfern, wieviele Wochenenden und Nächte Sie durcharbeiten, welche Nerven es Sie kostet. Erwarten Sie eines bitte nie als Gegenleistung: Dankbarkeit. Sie werden die unmöglichsten und unerwartetsten Reaktionen bekommen, aber keinen Dank.

Mach mal Pause: Wenn Sie Dankbarkeit für eine gute Tat wollen, gehen Sie in den Zoo und füttern die Tiere. Oder streicheln Sie einen Hund. Bringen Sie den Vögeln und Enten im Park etwas Brot, oder tragen Sie von mir aus Kröten über die Strasse. Aber lassen Sie die Finger von Menschen.

---

6. Rezeptsammlung

In diesem Kapitel finden Sie weitere nützliche Tips und Hinweise, wie Sie Ihr Leben als Programmierer bereichern können. Und natürlich wie Sie das Leben Ihrer armen Mitmenschen so nervig und unerträglich wie möglich machen.

Ich hoffe nur, dass sich die Abstürze meiner Textverarbeitung nicht weiter so häufen wie in letzter Zeit, sonst endet das Buch vermutlich sehr plötz

[Der Autor flucht und startet nach einem Totalabsturz seinen PC neu ...]

lich. Puh, gerade noch mal gut gegangen. Nun denn, hoffen wir das Beste ...

❧ Merke: So unterschiedlich die Auslöser und Zeitpunkte eines Absturzes auch sind, eine Gemeinsamkeit gibt es. Ein Absturz erfolgt grundsätzlich und ausschliesslich immer im *denkbar ungünstigsten Moment*. Das ist vermutlich das Einzige, auf das man sich bei Software absolut verlassen kann. Immerhin.

Da ich nicht weiss, welche spröden Sprossen der steilen Karriereleiter meine geschätzten Leser erklimmen, finden Sie hier Ratschläge über so wichtige Dinge wie Sklavenhaltung, Verzeihung, ich meine Mitarbeiterführung, und Kapitalvernichtung (staatliche Zuschüsse, Investorengelder und Omas Rente).

Dann geht es um gekonnte Selbstdarstellung im Web und um die Dressur des Amtsschimmels. Beides ist immens wichtig. Ohne überzogene Darstellung Ihres Wissens, Ihrer Macht und Ihres Erfolgs werden Sie in dieser Branche nicht weit kommen. Und um häufige Willkürentscheidungen und Schikanen von Behörden und Ämtern finanziell und psychisch zu verkraften sollten Sie zumindest so weit vorbereitet sein, dass Sie wissen was auf Sie zukommt.

🗩 Denkvorlage: Es wird Ihnen in vielen Situationen Ihres Lebens helfen, wenn Sie von den folgenden drei Leitsätzen voll und ganz überzeugt sind:
1. ICH bin besser, grösser, klüger, reicher und schöner als alle anderen!
2. ICH weiss alles besser, habe immer recht und bekomme immer recht!
3. ICH mache immer alles richtig, die anderen machen immer alles falsch!

⚡ Bei Unwetter: Dummerweise werden fast alle Menschen, denen Sie tagein tagaus begegnen, dasselbe von sich denken. Tja, da müssen Sie durch.

6.1 Beziehungskisten

Sie kennen das. Am Anfang ist alles wunderbar, die ganze Welt schimmert rosarot, der oder die Auserwählte ist der wundervollste Mensch der Welt. Dieser Zustand dauert meist zwischen 20 Minuten und zweieinhalb Tagen.

Dann bekommt der glänzende Lack erste dumpfe Stellen, hässliche Macken und Risse. Man entdeckt auch die weniger positiven Seiten am neuen Partner. Anfangs nur wenige, dann etwas mehr, bald schon sehr sehr sehr viel mehr ...

Was für das Privatleben von 99% der Menschen gilt, hat auch im Berufsleben für 99% aller geschäftlichen Partnerschaften Gültigkeit. Das restliche Prozent bleibt ein Leben lang einsam und allein, oder tritt der Fremdenlegion bei.

 Denkvorlage: 10 Gründe sich einen Geschäftspartner zu suchen.
1. Er bringt das nötige Kapital mit, das Sie nicht haben.
2. Er bringt das nötige Kapital mit, das Sie haben aber nicht riskieren wollen.
3. Er bringt das KnowHow und die Erfahrung mit, die Ihnen fehlen.
4. Er hat beste Verbindungen zu Behörden, Verbänden und in die Politik.
5. Er ist bereits sehr erfolgreich und Sie wollen an seinem Erfolg teilhaben.
6. Sie brauchen jemand, der die ganze lästige Arbeit für Sie erledigt.
7. Sie brauchen jemand, der für Sie die Kastanien aus dem Feuer holt.
8. Sie brauchen jemand, dem Sie die Schuld für Ihre Fehler geben können.
9. Sie brauchen jemand, der Ihre Launen und Wutanfälle demütig erträgt.
10. Sie brauchen jemand, der die Verantwortung für alle Fehlschläge trägt.

Im Grunde ist ein Geschäftspartner also nichts anderes als ein *nützlicher Idiot*. Einer der dumm und naiv genug ist, um alles zu geben und alles einzubringen was er hat. Vorallem sein Geld, seine Zeit, seine Erfahrung und seine Nerven.

Und der dafür nichts bekommt ausser Ärger, viel Ärger und noch mehr Ärger. Dazu im Laufe der Zeit graue Haare, Magenschmerzen, Kreislaufprobleme und einen schlechten Ruf bei Kunden und Branchenkollegen. Schliesslich ist er es, der an *allen* Problemen, Fehlern und Fehlschlägen schuld sein wird.

💰 Geldwerter Vorteil: Zu Beginn einer geschäftlichen Partnerschaft ist es hilfreich, wenn Ihr Partner solvent und finanziell unabhängig ist. Natürlich sollte er sich auch mit einem *angemessenen* Betrag an Ihrer Firma beteiligen. Wirklich *angemessen* ist seine Beteiligung dann, wenn er seinen finanziellen Spielraum weit überschreitet, sich hoch verschuldet und sich Ihnen ausliefert. Sie haben erstens sein Geld und zweitens ihn in der Hand. Sehr *angemessen*.

Im Wesentlichen lassen sich die Gründe, warum Sie sich nach einem Partner umsehen sollten, auf zwei Punkte zusammenfassen. Entweder Sie brauchen dringend Geld, oder Sie brauchen dringend ein gutes Produkt. Oder beides.

Auch die Selektionskriterien der Partnerwahl im Geschäftsleben sind simpel. Ihr potentieller neuer Partner hat entweder Geld oder ein Produkt oder beides. Und er sollte so dämlich sein, dass er nicht merkt dass Sie es ausschliesslich darauf abgesehen haben. Ein *nützlicher Idiot* eben. Die Welt ist voll davon!

> 👁 **Seitenblick:** Glauben Sie vielleicht, bei einer „Liebeshochzeit" geht es um etwas anderes als um finanzielle, machtpolitische oder sonstige Vorteile? Ein Drittel aller Heiraten basiert auf diesen Erwägungen. Diese Ehen halten, während die anderen zwei Drittel Horden von Scheidungsanwälten ernähren.

Natürlich könnte Ihr Geschäftspartner auch auf die Idee kommen, dass *er* der bessere ist und er könnte versuchen *Sie* zu übervorteilen. Oder er könnte gar eine ehrliche und faire Geschäftsbeziehung von *beiden* Partnern einfordern. Ja, das gibt es wirklich, das sind die *naiven nützlichen Idioten*. Um sowas im Griff zu haben brauchen Sie, vermutlich ahnen Sie es bereits, eine Strategie.

Es beginnt damit, dass Sie oder besser Ihr Anwalt den Vertrag formulieren. Entlasten Sie Ihren neuen Geschäftspartner doch von solchen Kleinigkeiten. Es ist die erste und zugleich letzte gemeinsame Aufgabe, die ausschliesslich von Ihnen erledigt wird. Streng genommen braucht er den Vertrag nicht mal lesen, erst recht nicht verstehen, es genügt völlig wenn er ihn unterschreibt.

> 🖋 **Hot:** Ein kleines und eher unscheinbares Detail wird bei Verträgen gern unterschätzt: das Datum. Wieviel Ärger wäre der Welt bis zum heutigen Tag erspart geblieben, könnte man das Datum von Verträgen nachträglich ändern. Damit Sie nicht denselben Fehler machen lassen Sie das Datum einfach weg!

Bis er diesen für ihn verhängnisvollen Schritt getan hat versprechen Sie ihm das Blaue vom Himmel herunter. Heucheln und lügen Sie so viel Sie können, malen Sie die gemeinsame geschäftliche Zukunft in den schönsten Farben an das Firmament. Sprühen Sie vor Begeisterung von den gemeinsamen Plänen.

> 🔖 **Merke:** Alles hat seinen Platz im Leben, auch Ihr Geschäftspartner. Vor der Vertragsunterzeichnung gebührt ihm der beste Platz in Ihrem Büro und jeder Wunsch wird ihm erfüllt. Danach tun es die Besenkammer oder das Klo.

Wenn Ihr neuer Geschäftspartner ein Produkt mitbringt, wird er vermutlich erwarten, dass Sie ihm dafür etwas bezahlen. Tia, erwarten kann er es schon. Ob und auf welche Art die Zahlung dann tatsächlich erfolgt wird man sehen.

Achten Sie darauf, Zahlungen an Ihren Partner als Ratenzahlungen möglichst weit in die Zukunft zu verlagern. Am Anfang gibt es eine kleine Anzahlung als Köder. Die erste Rate, und nur die, zahlen Sie pünktlich. Für alle später fälligen Raten kann und wird es Hunderte Gründe geben, warum Sie, leider leider, gerade nicht flüssig sind, aber ganz bestimmt *bald* zahlen.

Schlüssel zum Erfolg: Die besten Geschäftspartner sind diejenigen, die zwar ihr Kapital zur Verfügung stellen, aber ansonsten nichts zu sagen haben. Im Wirtschaftsleben wird diese Masche *Stille Beteiligung* genannt und erfreut sich grosser Beliebtheit. Die dummen Kapitalgeber haben den Vorteil, dass sie einerseits ihr Geld los sind, andererseits aber nicht um Rat gefragt werden und damit auch niemand merkt, dass sie von der Materie sowieso nichts verstehen. Die Empfänger haben das Geld und ihre Ruhe. Ein für beide perfektes System.

Ist Ihr Geschäftspartner nicht still sondern aktiv mit eingebunden, sollte er für die Produktentwicklung zuständig sein. Sie kümmern sich um Marketing und Vertrieb. Anders gesagt, er macht die Arbeit, während Sie reden und reisen.

Das hat auch den Vorteil, dass Sie Kunden und der Presse alle erdenklichen Details und Features versprechen können, obwohl es die weder jetzt noch zu einem späteren Zeitpunkt geben wird. Aber das kann Ihnen völlig egal sein. Für oft versprochene aber real nie verfügbare Funktionen der Software wird immer Ihr Partner verantwortlich gemacht werden, er ist der Entwickler.

BlaBlaBla: Um Ihren Partner klein und handzahm zu halten bieten sich auch gezielte Gerüchte an. Dass er es alleine nie zu etwas bringen würde, dass Sie ihm ständig aus der Patsche helfen müssen und er von Ihnen abhängig ist. Wichtig: *nützliche Idioten* die nicht mehr nützlich sind, sind nur noch *Idioten*! Reden Sie mit anderen entsprechend über ihn, die ganze Welt soll es wissen.

Im Notfall: Renitente Geschäftspartner können Sie sehr einfach aufs Abstellgleis schieben. Gründen Sie eine wertlose Tochterfirma, in die Sie alle akuten Probleme und alle Verbindlichkeiten auslagern. Dann bieten Sie dem Querulant eine Beteiligung daran und die Chefposition der neuen Firma an. Bald geht die wertlose Tochter ob der vielen Probleme pleite. Ihr Partner als Chef dieser Klitsche verliert seine Reputation, Sie sind ihn los und fein raus.

6.2 Brennstoffe

Was haben Holz, Benzin und fremdes Geld gemeinsam? Sie brennen gut!
In keiner Branche wird täglich so viel Geld verbrannt wie in der IT-Branche.
So viele Pleiten, so viele Millionengräber, so viele Grossprojekte mit einem
riesigen Budget und dennoch keinerlei Ergebnissen. Das können Sie auch!

Niemals, unter gar keinen Umständen, dürfen Sie eigenes Geld verbrennen.
Woher der Brennstoff kommt ist zweitrangig. Ob Sie Geschäftspartner oder
Banken schröpfen, öffentliche Zuschüsse und Förderprogramme anzapfen
oder die Rente Ihrer Grossmutter verheizen. Hauptsache es ist *fremdes* Geld.

Schlüssel zum Erfolg: Mit dem Staat, mit Behörden oder öffentlichen
Institutionen als Auftraggeber wird der stetige Geldstrom niemals versiegen.
Dann entscheiden Beamte über das Budget und der brave Bürger zahlt am
Ende die Zeche, ganz gleich wie sehr die Kosten aus dem Ruder laufen.
Übrigens haben Sie dabei keinerlei Erfolgsdruck. Oder haben Sie jemals von
einem staatlichen IT-Projekt gehört, das erfolgreich abgeschlossen wurde?
Dafür haben Sie Millionen kassiert und Ihre Rente gesichert. Das ist Erfolg!

Um Geld von Investoren einzusammeln brauchen Sie ein Produkt, das sich
entweder bereits sehr gut verkauft oder ein enormes Marktpotential bietet.
Dazu einen detaillierten Businessplan, eine solide Finanzplanung, eine sehr
umfassende Marktforschung, sowie einen ausführlichen Verkaufsprospekt.
Oder, wenn Sie das alles nicht haben, diese beiden Worte: *Steuern sparen*.

Es ist wirklich immer wieder erstaunlich. Selbst seriöse und hoch gebildete
Personen aus den obersten Schichten unserer Gesellschaft schalten wie auf
Kommando ihr Gehirn ab, sobald sie vermeintlich *Steuern sparen* können.

Auch *Abschreibung* und *Verlustzuweisung* machen Gutverdiener willenlos.
Diese Schlüsselworte gekonnt platziert sind wertvoller als jede langatmige
Darlegung der Marktchancen Ihres Produkts. Wenn Sie ihre katastrophale
Bilanz mit *Steuergutschrift* überschreiben wird allein diese Überschrift ein
seliges Lächeln ins Gesicht des Investors zaubern, ohne dass er weiter liest.

Geldwerter Vorteil: Es soll Branchen und Berufe geben, bei denen hin
und wieder nicht versteuerte Geldköfferchen diskret angelegt werden sollen.
Die betroffenen Personen tragen häufig schwarze Anzüge oder weisse Kittel.
Helfen Sie diesen armen Menschen und befreien Sie sie von ihrer Last. Wer
würde Sie verklagen, wenn Sie sein Schwarzgeld verprasst haben? Niemand!

Im Übrigen gehen Investoren immer eine unternehmerische Beteiligung ein. Es handelt sich um *Risikokapital.* Dabei besteht einerseits die Chance auf ausserordentlich hohe Renditen von locker 500% monatlich und mehr. Andererseits gibt es natürlich auch ein gewisses Risiko, das in sehr seltenen Fällen sogar zum Totalverlust führen kann. So wie in Ihrem Fall. Aber das braucht Sie nicht zu kümmern, es ist schliesslich nicht Ihr Geld. Ausserdem hat es seinen Zweck erfüllt, Sie haben davon eine Weile sehr gut gelebt.

Mach mal Pause: Ein Totalverlust der Investition kann evtl. bei Ihrem Geldgeber für eine gewisse Verstimmung sorgen. Sie sollten daher vorsorgen und sich mit seinem Geld rechtzeitig einen Fluchtpunkt im Ausland schaffen. Eine Insel in der Südsee, eine abgelegene Farm in der Steppe Australiens oder eine gemütliche 500 m² Villa in einem Staat ohne Auslieferungsabkommen. Buchen Sie die dafür nötigen Aufwendungen als *Globalisierungskosten* ab.

Es ist eine gute Idee, Geld von denen zu leihen die es im Überfluss haben. Banken zum Beispiel. Dabei gilt ein einfacher Grundsatz: je grösser die Bank und je höher der Betrag den Sie fordern, desto leichter werden Sie es haben.

Ruhm und Ehre: Ein paar Millionen müssen Sie schon verlangen, um ernst genommen zu werden. Eine Bank will sich mit vermögenden Kunden schmücken. Und von der hohen Kreditsumme noch höhere Zinsen kassieren. Lernen Sie von Managern grosser Banken. Machen Sie das *Victory*-Zeichen während Sie Millionen als *Peanuts* fordern. Man wird es Ihnen gern geben.

Geschäftsentwicklung zwischen Wunsch und Wirklichkeit

Bei Unwetter: Bankkredite haben einen kleinen Nachteil. Früher oder später will die Bank das Geld inklusive banküblicher Wucherzinsen zurück. Wenn Ihre Firma bis dahin nicht zu einem monopolistischen Weltkonzern aufgestiegen ist haben Sie schlechte Karten. Denn ganz gleich was für ein schlechter Geschäftspartner Sie auch sein mögen, Banken sind noch mieser.

6.3 Alternative Energien

Einige Programme sind derart miserabel, dass es völlig aussichtslos ist, dafür auch nur einen müden Cent bei Kapitalgebern locker zu machen. Das heisst aber noch lange nicht, dass es aussichtslos ist, an fremdes Geld zu kommen. Wenn herkömmliche Ressourcen versiegen brauchen Sie eben Alternativen.

Grundsätzlich bietet sich natürlich auch das private Umfeld an. Bei Onkeln, Omas, Nachbarn und den Kumpels vom Stammtisch lassen sich immer ein paar Scheine locker machen, wenn man die richtigen Geschichten erzählt.

Meist sind die hierbei erzielbaren Summen aber den Aufwand nicht wert, wenn Sie nicht zufällig einem sehr wohlhabenden Familienclan angehören. Zudem können die Folgen eines Totalverlusts in diesem Umfeld sehr viel emotionaler ausfallen. Lassen Sie das lieber, es gibt bessere Alternativen.

> **Merke:** Leihen Sie sich nur Geld im persönlichen und privaten Umfeld, wenn Ihr Entschluss auszuwandern bereits gefasst ist und in den nächsten Jahren auch keine grösseren Geschenke oder Erbschaften zu erwarten sind.

Ein beliebtes und über alle Branchen verbreitetes Spiel ist es, Lieferanten als Kreditgeber zu verwenden. Sie bestellen einfach was Sie für Ihre Arbeit alles so brauchen. Computer, Software, Zubehör, edle Rotweine, Sportwagen etc. Einen Teil davon verkaufen Sie weiter, schon ist wieder Geld in der Kasse. Bezahlen tun Sie das alles erst sehr spät, allenfalls in Raten, im Idealfall nie.

> **Praktische Lebenshilfe:** Wechseln Sie regelmässig die Lieferanten und bestellen Sie nur beste Qualität mit hohem Wiederverkaufswert. Es dauert in der Regel mehrere Monate, bis Sie bei einem Versender auf der schwarzen Liste stehen und täglich Mahnbescheide und Drohbriefe bei Ihnen eingehen. Nimmt es überhand und wird es lästig bestechen Sie Ihren Briefträger, damit er diese unbrauchbare Post mit Vermerk *-verstorben-* zurückgehen lässt.

Nicht zu verachten sind auch staatliche Subventionen und Förderprogramme. Dazu brauchen Sie aber dringend fachliche Beratung und Unterstützung von einem Profi. Entweder ein Fachanwalt oder ein korrupter Kommunalpolitiker.

Förderungen von der EU sind besonders gut geeignet. Deren Regeln sind so abwegig und praxisfremd, dass sie kein Beamter einer lokalen Behörde auch nur im Ansatz versteht. Natürlich wird der Prüfer das niemals zugeben und Ihren Antrag auf Beihilfe in Millionenhöhe ohne Prüfung genehmigen.

Insider-Wissen: Wer Subventionen und staatliche Förderungen wieder zurück bezahlt hat entweder einen unfähigen Berater oder ist dumm und naiv. Schauen Sie sich doch die Grossen der Branche an. Die bauen in einem Land ein Werk auf, kassieren ein Vielfaches der Investitionssumme als Subvention und nach einiger Zeit wiederholen sie dasselbe Spiel in einem anderen Land. Wenn Sie schlau und skrupellos genug sind gelingt Ihnen das auch. Zumal es sich um von Ihnen längst bezahlte Steuern handelt, die Sie sich zurückholen. Subventionsbetrug ist genau betrachtet eine andere Art der Steuererstattung.

Eine weitere schier unerschöpfliche Geldquelle sind Abmahnungen. Egal ob nicht erlaubte Formulierungen in AGBs und Widerrufserklärungen, fehlende Angaben im Impressum und Briefköpfen, oder nur falsch gesetzte Kommas. Keine noch so abwegige und für das Geschäft völlig irrelevante Kleinigkeit, für die der Gesetzgeber keinen Grund für eine Abmahnung geschaffen hätte.

Damit können Sie auch gleich Ihrer Konkurrenz kräftig eins auswischen. Ein Fachanwalt, der die rechtliche Beratung und im Grunde genommen auch die Drecksarbeit wie den Versand der Mahnschreiben übernimmt, ist aber Pflicht. Kämpfe im Hoheitsgebiet von Recht und Gesetz sind nur zu gewinnen, wenn Sie jemanden zur Seite haben, der weiss wie man Recht und Gesetz beugt.

Sie können sich auch gängige Begriffe als Warenzeichen eintragen lassen. Wählen Sie möglichst Worte, die seit Jahrzehnten von Millionen argloser Menschen benutzt werden. Zum Beispiel „Apfel", „Maus" und „Fenster". Sobald eine Firma oder ein Journalist eines dieser Worte benutzt, egal in welchem Zusammenhang, kassieren Sie dafür saftige Lizenzgebühren.

Ruhm und Ehre: Sie haben bis an Ihr Lebensende ausgesorgt, wenn es Ihnen gelingt eine Farbe als Ihren Besitz eintragen und schützen zu lassen. Da die Grundfarben wie rot und blau nicht schutzfähig sind sollte Ihre Farbe ein wenig davon abweichen. Ein Farbton aus rot und blau, ähnlich wie *magenta*. Stellen Sie sich vor, diese Farbe gehört Ihnen! Und wann immer diese Farbe irgendwo auf der Welt auftaucht, in Firmenlogos, auf Kleidungsstücken oder als sanftes Himmelsglühen an einem lauen Sommerabend, klingelt Ihre Kasse.

Bei Unwetter: Aufgrund der haarsträubenden Rechtslage wird es wohl nicht ausbleiben, dass auch Sie früher oder später einmal vor Gericht landen. Dem sind Sie nur mit einem ausgebufften Anwalt gewappnet, der sofort zum juristischen Gegenangriff bläst. Alternativ beauftragen Sie die Hells Angels um das Problem zu lösen, indem Ihr Prozessgegner in Beton gegossen wird.

6.4 Sklavenhaltung

Wenn Sie mehr als zehn Stunden pro Woche zu tun haben, sollten Sie sich mit der Einstellung von Mitarbeitern und der Delegation von Aufgaben befassen.

Dazu müssen Sie lernen zu teilen, Dinge abzugeben und Verzicht zu üben. Keine Angst, Sie brauchen dafür weder ein weltverbessernder Gutmensch werden, noch den Grossteil Ihres Vermögens der Welthungerhilfe spenden.

Es genügt völlig, wenn Sie Ihre Arbeit von anderen erledigen lassen, lästige Aufgaben und Pflichten abgeben und auf produktive Tätigkeiten verzichten. Profite und Gewinne, sowie Ruhm und Ehre dürfen Sie natürlich behalten.

> **Merke:** Delegation bedeutet, dass *andere* die Arbeit für Sie erledigen, während die Erfolge und Erträge weiterhin nur Ihnen allein zugute kommen.

Die Bezeichnung *Mitarbeiter* ist daher leider etwas missverständlich. Es geht ja nicht darum, dass andere *mit* Ihnen arbeiten, sondern *statt* Ihnen. Nur dass sich der Begriff *Stattarbeiter* nicht durchsetzen konnte, warum auch immer.

Auch *Untertanen* wäre treffend, stammt das Wort doch aus der glorreichen Zeit der Leibeigenschaft. Damals gehörten Eigentümern nicht nur Gebäude und Grundstücke, sondern auch noch alle Menschen die darauf herumliefen. Die Ära ging zuende als das Unwesen der Gewerkschaften erfunden wurde.

Chef und seine Mitarbeiter

Die billigsten und willigsten Sklaven, Verzeihung, die qualifiziertesten und engagiertesten Mitarbeiter finden Sie bei Ihren erfolgreichen Mitbewerbern. Oder warum glauben Sie, dass Ihr grösster Konkurrent so erfolgreich wurde? Weil deren Chef so viel besser arbeitet als Sie? Nein, weil er besser delegiert!

> **Schlüssel zum Erfolg:** Abwerben bei der Konkurrenz will gelernt sein. Dafür gibt es Spezialisten, sog. *Headhunter*, also Kopfjäger. Seit man deren Stamm die Menschenjagd mit Pfeil und Bogen verboten hat verwenden sie Handy und Krawatte zur Jagd auf ihre Opfer. Nutzen Sie deren Erfahrung.

Reizvoll und nützlich können auch sog. *freie Mitarbeiter* sein. Entgegen der weit verbreiteten Meinung in der Öffentlichkeit stammt diese Bezeichnung nicht von besonderen Freiheiten, die diese Personen ggü. Ihrem Chef haben.

Im Gegenteil, die Abhängigkeit kann noch grösser sein als bei Angestellten, vorallem wenn eine für Sie sehr vorteilhafte Scheinselbständigkeit vorliegt. Dann können Sie sie so mies behandeln und bezahlen wie Sie wollen, ohne Repressalien der Gewerkschaft oder dem Tierschutz befürchten zu müssen.

⚑ Insider-Wissen: *Freie Mitarbeiter* heissen so, weil deren Auftraggeber von lästigen Steuern und Sozialabgaben befreit ist, seine unternehmerische Freiheit nutzen und von jeder moralischen Verantwortung freigestellt wird. Auch der Begriff *vogelfrei* entstand so, gilt heute aber als politisch unkorrekt.

Ein weiterer wichtiger Punkt bei Mitarbeitern ist deren Qualifikation. In den meisten Fällen ist sie zu Beginn der Tätigkeit bei Ihnen völlig ungenügend. Und in denselben meisten Fällen wird sich das auch zeitlebens nicht ändern. Schliesslich sollen Ihre Mitarbeiter nur mitarbeiten und nicht selber denken.

Andererseits wäre es manchmal hilfreich, wenn Ihr Personal wenigstens eine gewisse Ahnung hätte, worum es in Ihrer Firma und bei den Produkten geht. Vorallem die Abteilungen für Pressearbeit und Marketing sollten ihr Wissen schulen, um Werbetexte wenigstens fehlerfrei vom Blatt ablesen zu können.

Bei Projektleitern und Programmierern ist dagegen ausgesprochen einseitiges Technikwissen nötig. Auf keinen Fall darf ein Programmierer die Denk- und Arbeitsweise der Branche und Zielgruppe seines Programms auch nur ahnen. Das belastet seine Seele unnötig und lenkt ihn von der eigentlichen Aufgabe, der Produktion von völlig unbedienbaren und fehlerhaften Programmen, ab.

Dasselbe gilt für die Mitarbeiter beim Support. Die sollten weder Ahnung von den Produkten noch von den Anwendern der Produkte haben. Je unbelasteter und vorurteilsfreier Hilfestellung gegeben wird, desto besser ist es am Ende für alle Beteiligten. Und desto einträglicher ist Ihre 0900er Servicenummer.

👁 Seitenblick: Geben Sie Quereinsteigern ruhig auch mal eine Chance. Besonders in leitender Position kann ein früherer Blick über den Tellerrand nützlich sein. Eine Aerobic-Hupfdohle aus dem Fitness-Studio nebenan ist bestens auf das ständige Auf und Ab in der Software-Branche vorbereitet. Und wer wäre besser für das Controlling und das andauernde stopfen von Löchern in der Kasse geeignet als ein früherer Nähmaschinen-Verkäufer?

Zum Abschluss dieses Kapitels muss ich leider noch auf ein unangenehmes Detail eingehen. Die meisten Mitarbeiter wollen früher oder später auch für ihre Tätigkeit bezahlt werden. Das ist lästig, aber leider kaum zu vermeiden.

Selbst wenn man dafür ein gewisses Verständnis haben könnte, gehen die gestellten Forderungen weit über das Erträgliche hinaus. Als wäre das Gehalt nicht genug, werden auch noch Urlaubs- und Weihnachtsgeld, Firmenwagen und Zulagen gefordert. Alles Dinge, die Ihnen als Chef vorbehalten sind!

Als Arbeitgeber fragt man sich unwillkürlich, ob denn die vielen Millionen Arbeitslosen, die gekürzten Sozialleistungen und all das Elend auf der Welt noch immer nicht genügen, um gewisse Einsichten beim Pöbel zu bewirken.

Bleiben Sie hart, es geht nicht anders. Orientieren Sie sich bestenfalls an den gesetzlichen Mindestlöhnen, und falls es für Ihre Branche noch keine gibt am durchschnittlichen Einkommen arbeitsloser Fischer an der Ostküste Afrikas.

🏆 **Ruhm und Ehre:** Sie sind alle Sorgen los, wenn Sie so bekannt sind, dass es für Tausende eine Ehre ist, bei Ihnen unterbezahlt arbeiten zu dürfen. Wenn bei Ihnen naive und unerfahrene, aber ehrgeizige und meist willenlose Uni-Absolventen Schlange stehen, um einen mies bezahlten Job zu erhalten. Die sind zwar meist schon nach einem Jahr ausgebrannt und desillusioniert, aber dann steht schon der nächste Schub Frischlinge für deren Ablöse bereit.

Als Lösung bietet sich ausserdem an, nach dunklen Flecken im Leben Ihrer Mitarbeiter zu suchen. Nach Geheimnissen, Dingen die niemand wissen darf.

Sie sollten wissen, welche Etablissements Ihre Aussendienstmitarbeiter am Abend besuchen, auf welchen abgründigen Webseiten in Pausen gesurft wird und wo Ihre Sekretärin tatsächlich hinfährt um „eine Freundin" zu besuchen.

Dieses Wissen, bei Gehaltsgesprächen im richtigem Moment nur angedeutet, wird sowohl die Gesprächsdauer als auch die Gehaltsforderung stark kürzen. Auch wird es sich wohltuend auf die Motivation der Mitarbeiter auswirken.

Skrupel? Nicht nötig, denken Sie an die Politik, dort läuft es ganz genauso. Das Ausspähen privater Peinlichkeiten von Kollegen ist dort Tagesgeschäft. Sollen Politiker nicht unser aller Vorbild sein? Dann tun Sie es Ihnen nach!

🗝 **Merke:** Es gibt dutzende Ratschläge für die richtige Mitarbeiterführung. Dabei würde doch ein einziger Grundsatz völlig genügen: *Jeder ist ersetzbar!* Dieser einzige Grundsatz hat natürlich eine einzige Ausnahme: *Ausser Ihnen!*

6.5 Amtlicher Schimmel

Bürokratie und Beamtentum sind die Säulen unserer modernen Gesellschaft. Nichts geht ohne Antrag in fünffacher Ausfertigung und ohne langwierige Genehmigungsprozesse. Den Beamten ist die Vollbeschäftigung garantiert, während der Rest der Bevölkerung dieser Behördenwillkür ausgeliefert ist.

Jede noch so simple Tätigkeit wird durch schlecht gelaunte, häufig unfähige und manchmal korrupte Beamten behindert, erschwert, oft ganz verhindert. Sie werden sich dabei oftmals vorkommen wie ein potentieller Terrorist. So werden Sie auch angesehen und behandelt, so wird Ihr Leben durchleuchtet.

> **Merke:** Der sog. wiehernde *Amtsschimmel* ist eine Verniedlichung der Tatsache, dass sich die Bürokratie wie *Schimmelpilz* in unseren Alltag frisst. Wo sich der Schimmel erst einmal festgefressen hat wächst kein Gras mehr.

Die ersten Tage Ihrer Selbständigkeit werden Sie damit verbringen, diverse Fragebogen von Finanzamt, Gewerbeamt und anderen Behörden auszufüllen. Die vom Finanzamt erkennen Sie leicht, zur Tarnung und Verharmlosung stecken die in unglaublich hässlichen hellblauen oder rosaroten Umschlägen.

Dabei werden Sie nach Dingen gefragt, von denen Sie sich bisher nicht im Traum vorstellen konnten, dass sie für irgend jemand relevant sein könnten. Fragen nach der Zahl Ihrer Computer, Kaffeemaschinen und Toiletten sind harmlos und dienen nur der Ablenkung. Man will Sie in Sicherheit wiegen. Doch seien Sie auf der Hut, wenn Sie die geschätzte Betätigung der €-Taste nennen sollen, daraus berechnet sich die zu zahlende Steuervorauszahlung!

> **Praktische Lebenshilfe:** Versuchen Sie erst garnicht sich dagegen zu wehren. Es ist so gut wie aussichtslos und kostet nur Zeit, Kraft und Nerven. Sachliche Argumente, Logik und gesunder Menschenverstand sind fehl am Platz im Mief von Gesetzen, Paragraphen und Durchführungsverordnungen.

Beamte sind Gegner auf Lebenszeit

Das heisst natürlich noch lange nicht, dass Sie völlig hilflos sind. Dazu haben Sie ja schliesslich diesen Ratgeber gekauft, der Ihnen auch dafür eine, äh, wie heisst das Wort noch gleich, genau, eine Strategie liefert: Gegen-Bürokratie!

Schlagen Sie den Feind mit seinen eigenen Waffen. Schaffen Sie Abteilungen für den Empfang, das Ausfüllen, das Prüfen und das Zurücksenden amtlicher Fragebogen. Legen Sie für alle Abteilungen einen wöchentlich wechselnden Ansprechpartner und unterschiedliche telefonische Sprechzeiten fest. Zudem bekommt jede Abteilung ihren eigenen Stempel, damit auf den an das Amt zurückgesandten Formularen Ihr hoher Organisationsgrad erkennbar ist.

> ✒ **Hot:** Füllen Sie Formulare mit Zaubertinte aus, die nach einiger Zeit verblasst. So bringen Sie etwas Leben in den trägen Alltag einer Behörde ...

Das Schlimme an der ganzen Sache ist, dass es Sie nicht nur Zeit und Nerven, sondern auch viel Geld kostet. Noch bevor Sie auch nur einen müden Cent verdient haben halten IHK, Handwerksverbände und andere mittelalterliche Gruppierungen ihre gierigen Hände auf und fordern Zwangsbeiträge ein.

Eine Gegenleistung werden Sie dafür freilich erst einmal nicht bekommen. Schliesslich sind diese Beiträge nur dazu da, die jeweilige Institution am Leben zu halten. Aber dafür bekommen Sie einmal monatlich ein buntes Heftchen zugeschickt, das vorallem aus Pressebildern mit den jeweiligen PräsidentInnen besteht, die sonst wohl niemand veröffentlichen würde.

> ▲ **Insider-Wissen:** Wissenschaftler sagen, es gibt kein Perpetuum Mobile. Der simple Haushaltsplan der IHK beweist das Gegenteil. Der überwiegende Teil der Einnahmen stammt aus den Zwangsbeiträgen der Mitglieder, und der überwiegende Teil der Ausgaben wird für die eigene Verwaltung verbraucht. Diese Institution wird allein dadurch gespeist und finanziert, dass es sie gibt! Wäre die IHK ein Generator, alle Energieprobleme dieser Welt wären gelöst.

Diese Gebühren werden aber Peanuts sein, wenn Ihnen erst die Bescheide für Vorauszahlungen an Umsatz- und Körperschaftssteuer, Aufbau-Ost-Zuschlag und Gewerbesteuer für die stets klamme Kasse Ihrer Gemeinde vorliegen.

Bevor Sie also etwas umsetzen, geschweige denn verdienen müssen Sie erst einmal zahlen, zahlen, zahlen. Aus der Sicht des Staates und der beteiligten Institutionen macht das auch Sinn, denn ob Ihr Geschäft Erfolg haben wird, oder Sie nach wenigen Monaten schon wieder pleite sind, ist ja völlig offen. Und es ist dem Staat auch völlig egal, denn bezahlt haben Sie ja schon ...

Eine gute Nachricht habe ich jetzt aber doch noch für Sie. Wenn Sie jemals auf einer Behörde waren kennen Sie die erniedrigende Prozedur zu Beginn. Erst einmal ziehen Sie eine Karte mit einer Nummer, und irgendwann später, meistens so nach drei bis vier Stunden, wird diese Nummer dann aufgerufen.

Diese nervende Wartezeit ist für Sie ab sofort vorbei! Dank guter Kontakte, sowohl bis in die obersten staatlichen Stellen als auch bis in die untersten Abgründe der Korruption, kann ich Ihnen eine echte Sensation präsentieren.

Exklusiv, nur für die Leser meines Buches, gibt es eine Vorzugskarte für alle Amts- und Behördengänge. Sie gilt bundesweit in jedem Amt. Ihre Wartezeit wird damit auf ein absolutes Minimum begrenzt. Die bevorzugte Bearbeitung und Bewilligung Ihrer Anliegen durch sämtliche Instanzen wird garantiert.

Ihre Vorzugskarte für Behördengänge

Die Nutzung ist denkbar einfach: Kopieren Sie diese Buchseite, schneiden Sie die Karte sorgfältig aus und zeigen Sie sie beim nächsten Behördengang vor. Sollte in Ausnahmefällen ein Beamter noch nichts von dieser Sonderregelung gehört haben verlangen Sie bitte umgehend seinen Vorgesetzten zu sprechen. Weisen Sie bei der Gelegenheit auch darauf hin, dass jeder Beamte der sich nicht daran hält dazu verpflichtet ist zehn Ausgaben dieses Buches zu kaufen.

6.6 Es tut weh weh weh

Wie schaffe ich das nur? Wie soll ich auf ein paar Seiten unterbringen, was Sie im WWW alles falsch machen können, wenn allein eine Übersicht der beliebtesten Fehler, Fettnäpfchen und Dummheiten ein Buch füllen würde? Ich fasse mich daher kurz, dann bleibt genug Stoff für ein zweites Buch ...

Die Homepage Ihrer Firma ist *der* Platz für Ihren ganz grossen Auftritt. Dort können Sie der Welt zeigen, dass Sie der Beste, der Grösste, der Begabteste, der Intelligenteste, und natürlich auch -ganz wichtig- der Billigste sind.

Niemand sonst im Netz behauptet das von sich. Schon allein deshalb haben Sie mit solchen Aussagen ein Alleinstellungsmerkmal und sind einzigartig. Und einzigartig müssen Sie mindestens sein, damit Ihre Webseiten wie ein Edelstein in der riesigen binären Schutthalde der Menschheit erstrahlen.

> **Merke:** Im Internet konkurrieren Sie mit der ganzen Welt. Das ist ein Grund mehr, sich auf wirklich wichtige und wahre Fakten zu beschränken. Dazu gehören nicht nur die bereits erwähnten Superlative, sondern auch die konsequente, scharfe und niveaulose Herabwürdigung Ihrer Mitbewerber. Kein Niveau kann tief genug werden, wenn es um Ihre Vermarktung geht.

Ich hatte Ihnen ja bereits geraten, zum Marktführer und Monopolisten zu werden. Und falls Sie dieses Ziel noch nicht ganz erreicht haben, sich in den Schatten derer zu stellen, die es jetzt bereits sind. Das gilt auch im Internet.

Dazu gehört zwingend, dass Sie nicht nur Ihren Programmen, sondern auch Ihrer Webseite einen ausgeprägten *„Optimized for ... "* Stil verpassen. Wenn Besucher Ihrer Seiten nicht den Browser des Marktführers verwenden dürfen sie ausser dem *„Optimized for ... "* Logo nur einen leeren Bildschirm sehen.

> **Schlüssel zum Erfolg:** Alternativ bietet sich an, bei fremden Browsern deren Namen in einem durchgestrichenen roten Kreis anzuzeigen. Orientieren Sie sich beim Layout ruhig am Schild *Hunde müssen draussen bleiben* der Metzgerei um die Ecke. So holen Sie ein Stück lebendigen Alltag ins Netz.

Machen Sie sich keine Gedanken darüber, dass vielleicht ausgerechnet der Browser des Marktführers Ihre Webseiten am langsamsten zeigt und nicht einmal die simpelsten Standards beherrscht. Dafür hat er evtl. die meisten Fehler und vermutlich die grössten Sicherheitslücken. Da die Mehrzahl der Anwender sowieso nur diesen einen Browser kennt haben Sie damit autom. auch die Mehrheit der Internet-Surfer als potentielle Zielgruppe umworben.

Achten Sie auf möglichst lange Ladezeiten Ihrer Seiten. Je länger es dauert, desto bedeutender sind Sie, Ihre Firma und Ihre Produkte. Selbst Anwender, die von optimierten und schnell ladenden Seiten abgestumpft sind, werden minutenlang voller Ehrfurcht vor dem Bildschirm auf Ihren Auftritt warten. Sogar wenn sie danach nicht mehr sehen als ein grosses „*Optimized for ...*".

🏴 **Praktische Lebenshilfe:** Ein animiertes Intro ist Pflicht. Kaum etwas im Internet kostet so viel kropfunnötige Lebenszeit wie quietschbunte Filmchen, die erstens nicht übersprungen werden können und zweitens kurz vor dem Ende mit einem Crash des Animations-Plug-Ins den ganzen PC lahm legen.

Standards sind langweilig, offline wie online. Ignorieren Sie selbst einfachste und seit Jahren etablierte Grundlagen wie das Unterstreichen von Links und die Platzierung von Menüs entweder links oder oben. Fordern Sie Besucher Ihrer Seiten spielerisch heraus, sich mit neuen Konzepten zu beschäftigen.

Gestalten Sie Ihre Seiten bunt, quirlig und lebensfroh. Wer weniger als 25 Farben und weniger als 10 Schriften verwendet ist ein Langweiler. Ebenso nützlich sind dem Mauszeiger wie von Geisterhand folgende Objekte und im Sekundentakt aufgehende Popup-Fenster mit der sturen Aufforderung, einen Newsletter, ein Zeitschriften-Abo oder einen Pay-TV Sender zu abonnieren.

Wenn Ihre Seiten auf den ersten Blick aussehen wie die Homepage eines Kindergartens oder ein Feldversuch der offenen Psychiatrie haben Sie die Gewähr, dass kein Surfer jemals einen zweiten Blick darauf werfen wird.

💰 **Geldwerter Vorteil:** Der wohl wichtigste Grund für eine Homepage ist Werbung. Zum einen bietet sie den Besuchern reichlich Abwechslung und ebenso reichliche Gründe, Ihre Seiten schnellstmöglich wieder zu verlassen. Zum anderen haben Sie so wenigstens die Möglichkeit, mit Ihrem Auftritt im Internet Geld zu verdienen, wenn Sie schon keines Ihrer Produkte verkaufen. Der zweitwichtigste Grund fürs Web ist übrigens Werbung. Der dritte auch.

🔥 **Hot:** Wenn Sie *richtig* Geld machen wollen mit Werbung, bewerben Sie die Produkte Ihrer Konkurrenz! Warum kommen die Besucher zu Ihrer Seite? Einige vermutlich durch die gezielte Suche nach Produkten, die Sie anbieten. Wenn Sie diesen Besuchern die passenden Konkurrenzprodukte präsentieren steigt die Chance dass Ihr Mitbewerber ein Geschäft macht ganz beträchtlich. Gleichzeitig verdienen Sie eine schöne Provision, und die bekommen Sie zu allem Glück sogar von Ihrem Konkurrenten! Eine echte Win-Win-Situation.

Jetzt wissen Sie, was Ihre Internetseiten enthalten sollten. Ebenso wichtig ist aber auch noch, dass Sie wissen was darin tunlichst nicht enthalten sein soll.

Sinnvolle Informationen zum Beispiel. Nicht über Sie, nicht über Ihre Firma und auf gar keinen Fall über Ihre Produkte. Haben Sie nicht sowieso die mit Abstand besten Produkte der Welt im Angebot? Eben. Die Welt weiss das. Und wer es nicht weiss hat bei Ihnen nichts verloren und soll sich gefälligst zum Teufel scheren. Mit unwissendem Pöbel geben Sie sich doch nicht ab.

👁 **Seitenblick:** Sie können Produkte ohne jegliche Information zum Kauf anbieten. Das macht die Sache für Käufer sehr spannend. Ausserdem hat das den Vorteil, dass Sie bei Bestellungen über das Internet liefern was gerade da ist und sowieso nicht mehr gebraucht wird. Was der Kunde will ist irrelevant! Das geht nicht? Das geht! Wenn Politiker nach der Wahl Dinge tun, die der Wähler vorher so sicher nie gewollt hat, ist das haargenau dasselbe Prinzip!

Werben Sie aggressiv mit Rabatten und Sonderpreisen. Keine Angst, es wird nie passieren, dass Sie tatsächlich jemals einen Nachlass gewähren müssen. Dafür sorgen die vielfältigen und phantasievollen Bedingungen, an die der Nachlass gebunden ist. Dummerweise müssen Sie die alle veröffentlichen, aber dazu genügt eine sparsame 2-Punkt Schrift, es ist ja nur das Kleingedruckte.

Zuletzt muss ich Sie noch auf die vermutlich am besten verdienende Branche im Internet hinweisen: die Abmahnanwälte. Zwar ist das nur eine eher kleine Schar schwarzer Schafe in einer ansonsten meist seriösen Berufsgruppe, aber das macht es in der Praxis auch nicht besser. Was folgt? Exakt, eine Strategie.

Der umständlichste und vermutlich für Sie auch teuerste Weg wäre, dass Sie sich einen kompetenten Anwalt als Berater ins Haus holen, der jedes Pixel Ihrer Webseiten, jeden i-Punkt Ihrer Texte und jedes Komma genau prüft. Vermutlich sind Sie dann aber pleite noch bevor Sie jemals online waren.

Besser ist es, Sie verbünden sich mit einem der schwarzen Schafe und gehen selbst auf die Jagd nach naiven Webseiten-Betreibern. Das hat zwei Vorteile. Zum einen ist es eine sprudelnde Geldquelle. Zum anderen werden die nach geltendem (Un)Recht handelnden schwarzen Schafe zu Ihren Verbündeten. Eine perfekte Symbiose, wie sie nur die moderne IT-Welt zustande bringt.

🏆 **Ruhm und Ehre:** Wenn Sie es erstens schaffen Marktführer zu werden, und zweitens ein Monopol für Rechtsanwalts-Software etablieren, haben Sie mehr erreicht, als ein einzelner Mensch in seinem Leben je erreichen kann.

---

7. Alles hat ein Ende

7.1 Geleitworte

Jetzt, am Ende dieses tollen Ratgebers, sind Sie schlauer. Da bin ich sicher.
Vielleicht haben Sie ein paar Illusionen verloren. Suchen Sie nicht danach.
Möglicherweise ist Ihre rosa Brille etwas beschlagen. Nehmen Sie sie ab.
Wenn Sie jetzt denken *Oh je, was für eine Branche*, dann haben Sie recht.

Doch das ist alles kein Grund, den Mut, die Zuversicht und den Willen zu
verlieren, es dennoch zu wagen. Im Gegenteil, sehen Sie es als Ihre Chance,
bessere im Sinne von besser bedienbare, leichter verständliche, sinnvollere
Programme zu entwickeln, die zuverlässig tun was man von ihnen erwartet.

> **Denkvorlage:** Alle Programme enthalten Fehler. Ihre auch. Das ist so.
> Wenn Sie sich vornehmen fehlerfreie Programme zu entwickeln ist das zwar
> sehr löblich, aber unrealistisch. Sinnvoller und real umsetzbar sind dagegen
> *fehlertolerante* Programme, die auf garantiert auftretende Fehler angemessen
> reagieren, Anwendern verständliche Hinweise geben und die Daten schützen.

Halten Sie sich an Standards, wo dies sinnvoll ist. Ignorieren Sie Standards,
wo diese bar jeder Logik und Vernunft durch die Monopolisten allein durch
deren Marktmacht durchgesetzt werden sollen. Es ist Ihr gutes Recht, wenn
Sie Ihren Produkten einen eigenen, Ihren ganz individuellen Touch geben.

> **Schlüssel zum Erfolg:** Programme werden zum Selbstläufer, wenn das
> Kunststück gelingt, dass sie mehr reale Probleme lösen als sie neue schaffen.
> Wenn die Benutzer einen klaren Sinn und einen echten Wert darin erkennen.

Zum Schluss einer der wichtigsten Ratschläge, die man einem Programmierer
und einer Programmiererin geben kann: benutzen Sie Ihre Programme selbst!
Versetzen Sie sich in die Lage der Anwender, arbeiten Sie mit Ihrer Software.
Durch die Anwendung Ihres Produkts werden Sie Details entdecken, die Sie
besser machen können. Ein paar grosse Dinge und viele viele Kleinigkeiten.

> **Geldwerter Vorteil:** Zufriedene Kunden sind die besten Kunden. Wenn
> Sie stets einen Tick mehr erfüllen als Ihre Kunden von Ihnen erwarten, haben
> Sie die Gewissheit, dass Sie an diesen Kunden mehr als nur einmal verdienen.
> Entweder durch Folgeaufträge oder durch Weiterempfehlungen. *Viel Erfolg!*

7.2 Wer bin ich

Seit bald 25 Jahren verdiene ich mit EDV und speziell Software-Entwicklung meine Brötchen. Begonnen als Hobby, später und schon vom Computer-Virus infiziert als angestellter Programmierer, danach als selbständiger Entwickler. Zum nötigen körperlichen und mentalen Ausgleich bin ich als Fitness- und Entspannungs-Trainer tätig. Und zwischendrin schreibe ich meine Bücher.

Ich wurde für dieses Buch von vielen Firmen, Kunden und Projekten inspiriert und habe meine beruflichen Erfahrungen und all die Höhen und Tiefen nun in Textform verarbeitet, da Psychologen und Therapeuten nicht helfen konnten.

Viele Punkte gehören in die Rubrik *Aus Fehlern lernt man nur wenn man sie selbst macht.* Das heisst, ich selbst habe Mist gebaut. Na warum auch nicht. Der grosse Rest entstand durch Beobachtungen während meiner langjährigen Tätigkeit als Programmierer für diverse Branchen. Vieles habe ich mehrfach, in verschiedenen Varianten und „Qualitätsstufen" beobachtet. Dabei habe ich auch erschreckend oft erlebt, dass Lernen aus Fehlern eher selten und oft erst nach mehreren schmerzhaften Bauchlandungen erfolgt. Wenn überhaupt.

Der Autor sammelt Ideen für sein Buch

Ich bin aber nicht nur Entwickler und IT-Berater, sondern auch Anwender vieler Programme und damit zahlender Kunde der Hersteller dieser Produkte. Darunter gibt es Programme, die gut bis sehr gut funktionieren, die tun was man von ihnen erwartet und trotzdem erstaunlich preisgünstig sind. Mitunter gibt es sogar einen brauchbaren Support. Und es gibt Produkte, die sind die reinste Zumutung, eine bodenlose Unverschämtheit, ein Schlag ins Gesicht zahlender Kunden. Zwischen diesen beiden Extremen ist das Feld sehr weit.

So manches im Buch ist freilich überspitzt formuliert. Aber erstaunlich viel, um nicht zu sagen erschreckend viel, ist real und wurde tatsächlich so erlebt. Die realen Auswirkungen waren für die Betroffenen dann allerdings nicht immer so amüsant wie es hier meinen Lesern vielleicht erscheinen mag.

7.3 Stichworte

> 🦅 **BlaBlaBla:** Da jedes gute Fachbuch am Ende ein Stichwortverzeichnis enthält, möchte ich Ihnen ein solches natürlich nicht vorenthalten. Bitte lesen Sie es mit der gebotenen Vorsicht und halten Sie das Buch dabei mindestens einen halben Meter von allen besonders empfindlichen Körperteilen entfernt.

A	Armbrust, Axt, Ausstecher
B	Bajonett, Beil, Biene, Bohrer, Breitschwert, Brieföffner
D	Dartpfeil, Degen, Dolch, Dorn, Dreizack
E	Ecke, Eisenspitze, Enterhaken
F	Feile, Floh, Florett
G	Gabel, Gartenschere, Gurkenschäler
H	Hackbeil, Hafer, Harpune, Hellebarde, Heugabel, Hornisse, Hummel
I, J	Injektionsnadel, Jägerzaunlatte
K	Kaktus, Klinge, Krummsäbel, Kuchenmesser, Kugelschreibermine
L	Lanze, Löffelstiel
M	Messer, Mistgabel
N	Nadel, Nagel, Nagelschere
O	Ober (sticht Unter), Ohrlochzange
P	Pfahl, Pfeil, Piercing
R	Rasiermesser, Regenschirmspitze, Reissnagel, Rose
S	Säbel, Skalpell, Schere, Schwert, Seitenstechen, Sichel, Speer, Spritze, Stachel
T	Taschenmesser, Tomahawk, TseTse-Fliege
U - W	Unterstich, Vampir, Visitenkartenecke, Wespe, Wurfpfeil
X - Z	Ypsilanti (sticht Wählerwillen), Zahnstocher, Zecke

> 🔌 **Im Notfall:** Hat's weh getan? Sorry, das war nur ein bischen Absicht. Das sind harmlose Schmerzen im Vergleich zu den Qualen, die Anwender erleiden wenn sie Software benutzen. Wie war's? Schrecklich? Die Hölle? Genau! Seien Sie dankbar, kein Anwender sondern Programmierer zu sein!

> 🌴 **Mach mal Pause:** Sollten Ihre Beschwerden wider Erwarten schwerer sein und länger anhalten haben Sie nun allen Grund, für einige Monate einen erstens bezahlten und zweitens wohl verdienten Genesungsurlaub anzutreten. Damit Ihnen dabei nicht langweilig wird lesen Sie das Buch einfach noch mal.

7.4 Schlusworte

```
fBookFinished = true
fErkenntnis = Ask ( yourself )

do while not fErkenntnis

    ThinkAboutIt()

    if AnyQuestions()
        Ask ( mom )
        Ask ( dad )
    endif

    ThinkAboutIt()

    Holiday()

    ThinkAboutIt()

    fErkenntnis = Ask ( yourself )

enddo

fFeelFine = true

if LikeThisBook() = true
    for iX = 1 to 100
        TellOthersAboutIt()
    next
else
    Pssst()
endif

end
```

7.5 Empfehlungen

Der Film zum Buch ... (steht leider noch aus)

Die Website zum Buch gibt es

www.softwahn.de

Cantaria GmbH

dBASE-Programmierung, IT-Service, EDV-Shop

www.cantaria.de

dBASE lebt!

Die Buchreihe für dBASE unter Windows

www.dbase-lebt.de

Die Office-Alternative

Es gibt sie, die Office-Alternative made in Germany (*)

www.office-alternative.de

Für Ihren wichtigen Ausgleich zur PC-Arbeit

Wellaria - Ihr freundlicher Wellness- und Fitness-Shop

www.wellaria.de   oder   **www.fitversand24.de**

---

* Damit wurde auch dieses Buch geschrieben und gestaltet. Die Alternative funktioniert!

7.6 Bildnachweise

Ich hoffe, dass Ihnen meine Auswahl passender Abbildungen gefallen hat.
Die Lizenzen wurden bei *www.fotolia.de* bzw. *www.fotolia.com* erworben,
mit Ausnahme des Screenshots der *Visual dBASE Runtime* (16bit Version).
Die Symbole der grau hinterlegten Kästen gehören zur Schrift *Webdings*.

Umschlag vorne	© Srecko Djarmati - Fotolia.com
Umschlag hinten	© AlienCat - Fotolia.com
Umschlag seitlich	© Lai Leng Yiap - Fotolia.com
Seite 1	© Ralf Kraft - Fotolia.com
Seite 9 oben	© Yuriy Nosenko - Fotolia.com
Seite 9 mittig	© Caraman - Fotolia.com
Seite 9 unten	© Nmedia - Fotolia.com
Seite 11	© Scott Maxwell - Fotolia.com
Seite 16	© Andreas Meyer - Fotolia.com (3x)
Seite 24	© Wolfhound - Fotolia.com
Seite 27 links	© AlienCat - Fotolia.com
Seite 27 rechts	© Anne Ebert - Fotolia.com
Seite 34	© Scott Maxwell - Fotolia.com
Seite 47 links	© Kavita - Fotolia.com
Seite 47 rechts	© Lars Christensen - Fotolia.com
Seite 56	© Wolfhound - Fotolia.com (2x)
Seite 59	© MiAoX - Fotolia.com
Seite 62 links	© Alexey Bannykh - Fotolia.com
Seite 62 rechts	© Wolfhound - Fotolia.com
Seite 70 oben	© AlienCat - Fotolia.com
Seite 70 unten	© Stephen Coburn - Fotolia.com
Seite 77	© Alexey Afanasyev - Fotolia.com
Seite 79 oben	© Klikk - Fotolia.com
Seite 79 unten	© Borland (Visual dBASE)
Seite 84	© Stephen Jacoby - Fotolia.com
Seite 94	© Obiwan07 - Fotolia.com
Seite 95	© Andreas Meyer - Fotolia.com
Seite 99 links	© Sibear - Fotolia.com
Seite 99 mittig	© Jennyzzz - Fotolia.com
Seite 99 rechts	© Photosoup - Fotolia.com
Seite 100 links	© Andreas Meyer - Fotolia.com
Seite 100 mittig	© AlienCat - Fotolia.com
Seite 100 rechts	© Andreas Meyer - Fotolia.com
Seite 105	© RichWolf - Fotolia.com
Seite 111	© Dejan Jovanovic - Fotolia.com (2x)
Seite 114	© Scott Maxwell - Fotolia.com (2x)
Seite 117	© Caraman - Fotolia.com
Seite 119	© Eckehard Völkening - Fotolia.com
Seite 124	© Martina Orlich - Fotolia.com

Herzlichen Dank an die Schöpfer dieser Werke!